Karl Meyer

Das Kloster Ilfeld nach den Urkunden des Klosters

Karl Meyer

Das Kloster Ilfeld nach den Urkunden des Klosters

ISBN/EAN: 9783744609999

Hergestellt in Europa, USA, Kanada, Australien, Japan

Cover: Foto ©Lupo / pixelio.de

Weitere Bücher finden Sie auf **www.hansebooks.com**

Das

Kloster Ilfeld.

Nach den Urkunden des Klosters

von

Karl Meyer.

Leipzig,
Verlag von Bernhard Franke.
1897.

1. Der Name „Ilfeld." — Die Burg Ilfeld. — Die Grafen v. Ilfeld.

Den Namen „Ilfeld" hat ursprünglich ein zwischen der Bäre und dem Espenbache am Südharzrande belegener Feld- und Waldbezirk getragen; dann ist derselbe auf die auf einem in diesem Bezirke belegenen Einzelberge erbaute Burg, sodann auf das nordnordöstlich unter der Burg erbaute Kloster und schließlich auch auf den südlich neben dem Kloster entstandenen Flecken, mit dem das alte Dörfchen O verschmolzen ist, übertragen worden.

Die alten Historiographen, an ihrer Spitze Neander, der erste Rector der Klosterschule Ilfeld, sind der falschen Ansicht, daß der Name „Ilfeld" aus dem Personennamen „Abalger, Elger und Eilger," den die ältesten Besitzer der Burg und Stifter und Vollender des Klosters und mehrere ihrer Nachkommen, Glieder der Grafenfamilie v. Ilfeld und v. Honstein, getragen haben, entstanden sei und daß er ursprünglich „Eilgersfeld und Ilgersfeld" gelautet habe, woraus dann später durch Kürzung „Ilfeld" geworden. Da jene Grafen in alter Zeit nie „Eiliger" (erst im 15. Jahrhundert tritt diese Namensform auf) und niemals „Ilger" genannt werden und in keiner Urkunde des Klosters Ilfeld der Name „Eilgersfeld oder Ilgersfeld" erscheint, so ist das Irrige dieser Ansicht dargethan.

Auf die Spur nach dem richtigen Ursprunge des Namens führen uns die alten Abtssiegel des Klosters Ilfeld, welche die Umschrift „SIGILLUM . ABBATIS . DE . HILEVELT" oder „SIGILLVM . ABBATIS . DE . HILVELT." enthalten.

In den Ilfelder Klosterurkunden treten neben den abgeschliffenen Formen „Ilveld, Ilvelt, Ylveld, Ylevelt, Ilefeld, Ilfelt" noch die älteren Formen „Hilvelt 1221, Hylevelt 1302, Yldevelt, Yldevelde 1227, Yldeveld 1257, Yldevelt 1308, 1313, 1315, 1319 und 1385" auf. Es erscheint uns unzweifelhaft, daß der Name „das Feld der Hilde" bedeutet. Wer ist aber diese „Hilde"? Dicht westlich neben dem Burgberge liegt am Südharzrande ein Waldbergzug, welcher „die Frauenburg" heißt. Diesen Namen hat der waldige Bergzug höchstwahrscheinlich von einer vorhistorischen Wallburg erhalten, die wohl mit der jetzigen, östlich über den Braunsteinhäusern belegenen „Harzburg" identisch ist. (Die Kuppe des Berges trägt eine länglichrunde Wallburg von geringer Größe, deren Wallgraben noch deutlich zu erkennen ist.) Diese Frauenburg ist als eine Kultusstätte der altgermanischen Göttin „Hilda oder Holba" anzusprechen, welche noch heutzutage im Glauben des Volkes als „weiße Frau" und als Spukgestalt in und um Ilfeld ihr Wesen treibt.

(Ganz ähnlich liegt die Sache bei Questenberg am Südharzrande, bei welchem ein Bergwald „das Rückfeld", urkundlich „Reckinfeld" heißt, welcher Name als „das Herkenfeld-Herkenfeld d. h. als das Feld der (ebenfalls mit der Frau Holba oder Holle identischen) Herka" zu deuten ist.

Es scheint nicht ohne zu sein, daß das Mönchskloster Ilfeld keinem heiligen Manne, sondern einer heiligen Frau, nämlich der Jungfrau Maria, der höchsten heiligen Frau der Christenheit, geweiht worden ist. Die christliche Himmelskönigin Maria trat wohl bei der Gründung des Klosters Ilfeld an die Stelle der heidnischen Himmelskönigin Holba, deren Gedächtnis damals noch ungleich stärker im Volksglauben leben mochte, als es heutzutage der Fall ist.

Ebenfalls am Südharzrande findet sich zwischen Sangerhausen und Wettelrode eine andere kleine vorhistorische Wallburg, „die Beumelburg (oder Wimmelburg)" genannt, auf einem bewaldeten Berglopfe, dessen Ost- und Südabhänge den Namen „das Ilfeld" tragen. Am Südostfuße des Berges erbaute der Erzpriester jener Gegend, der Propst Berthold des Chorherrenstiftes (Klosters) Kaltenborn, im einsamen Helmsthale 1220 eine Kirche zu Ehren der heiligen Jungfrau Maria, deren Ruine noch heute dort zu sehen ist. 1353 wird diese Kirche als der heiligen Katharina geweiht genannt. Höchstwahrscheinlich war die Beumelburg ebenfalls eine heilige Kultusstätte der Göttin Hilde, nach welcher das anliegende Gefilde „Hildefeld, Ilfeld" genannt worden ist. An die Stelle der altheidnischen Kultusstätte der Hilde wurde die Kirche der Jungfrau Maria gesetzt, damit die christliche Himmelskönigin Maria (später die ein Schwert und ein Rad tragende heilige Katharina) an die Stelle der heidnischen Himmelsgöttin Hilde — deren Gedächtnis die christliche Kirche aus dem Bewußtsein des Volkes tilgen wollte — treten sollte.

Auch in Questenberg ist die Kirche der Jungfrau Maria geweiht, weil auch dort Maria an die Stelle der Herka oder Holba getreten ist. Klöster sind sehr oft in der Nähe altgermanischer Kultusstätten gegründet und einem der daselbst verehrten Göttergestalt entsprechenden Heiligen geweiht worden. In der Nähe des Mönchsklosters Wallenried treibt ebenfalls im Volksglauben eine gespenstische Frau ihr Wesen; dort befindet sich „der Höllenstein," urkundlich Holeneten, wohl „Holbenstein," und der von den Begleitern der Frau Holle, den Zwergen, bewohnte Sachsenstein, — dort lag einst das längst verschwundene Dörfchen „Herkenrode." — und auch das Kloster Wallenried ist der Jungfrau Maria geweiht.

Die Burg Ilfeld ist anscheinend ums Jahr 1100 auf dem vor dem Ausgange des Bärethales belegenen Einzelberge erbaut und wegen seiner Lage im Bezirke des Hilbefeldes „Ilfeld" genannt worden. Der Erbauer der Burg war nach der Mitteilung des Ilfelder Mönches Johann Caput der dem Grafenhause Bielstein entsprossene Graf Adalger I. („Elgerus natus de Bilstein edificavit castrum in monte ante claustrum Ylvelt, cni nomen Yleborgk.") Die Grafen v. Bielstein jenseits der Werra hatten im 10. und 11. Jahrhundert das Gaugrafenamt in der mittleren und oberen Cent des thüringischen Helmegaues neben einer Grafschaft in der thüringischen Germarmark verwaltet. Das Geschlecht scheint sächsischen Ursprunges zu sein, da seine Glieder im Anfange des 9. Jahrhunderts als Grafen im sächsischen Harzgaue und am Ende des 9. Jahrhunderts im sächsischen Hlisgaue (in der Gegend von Duderstadt, Herzberg und Osterode) erscheinen. Im Hause der Grafen v. Bielstein waren die Rufnamen „Adalger, Wigger und Rüdiger oder Rücker" üblich; die im Helmegaue liegenden Dörfer Wickerode, Wiegersdorf, Rübigsdorf und Ruothagerode werden von Gliedern dieses Geschlechts gegründet sein. Aus dem helmgauischen Zweige der Bielsteiner Grafen werden nicht nur die Grafen von Ilfeld, sondern auch die v. Clettenberg stammen.

Graf Adalger (Elger) I. v. Ilfeld hat im Jahre 1103 in Gemeinschaft mit (seinem Schwiegervater) dem Grafen Christian I. v. Rothenburg den Grafen Kuno v. Beichlingen (Sohn des Baiernherzogs und sächsischen Grafen Otto v. Nordheim) erschlagen. Er wird noch 1116, 1118 und 1128 genannt und starb nach dem Ilfelder Totenbuche am 18. Februar eines unbekannten Jahres. „Seine Gemahlin war Bertrade, des Grafen v. Kirchberg Tochter (richtiger: Schwester)," welche am 4. Tage vor S. Dhonisiitage eines unbekannten Jahres starb. Graf Elger I. hat „das Kloster Ilfeld angefangen"

und zwar dadurch, daß er unter seiner Burg Ilfeld im Bärethale einen Steinstock mit einer ewigen Lampe errichtete, von
der der Ilselder Klosterschulrektor Neander erzählt: „Zu Anfange, wie mir die alten (Stifts-) Herren zu Ilfeld berichtet,
ist nichts mehr erbauet, denn eine steinerne Lampen, von
Quadratstücken zusammengesetzt; dazu haben sie verordnet einen
jährlichen Zins von 24 Marktscheffel Getreide, dafür man
Öl gekauft und ein ewigbrennend Licht Tag und Nacht darinnen hat halten müssen, darum es „aeterna lux" genennet,
und stehet noch zu Ilfeld auf dem Kirchhofe vor der Schule."
Ob Graf Elger I. diese ewige Lampe zur Sühne seiner be-
gangenen Mordthat gestiftet hat oder um die nach dem Volksglauben dort spukend umgehende gespenstische weiße Frau
(„Hilde") zu vertreiben, ist — weil darüber nichts mitgeteilt
wird — heutzutage nicht möglich zu entscheiden.

Graf Elgers I. Sohn war Elger II., welcher seit 1154
als Adelgerus, Edelgerus de Ilvelde, Ilvelt, Ilfeld in Urkunden
Kaiser Friedrichs I., Herzog Heinrichs des Löwen und Erzbischof Arnolds v. Mainz genannt wird. Ums Jahr 1161
heiratete er die Gräfin Lutrude, Tochter des in das Kloster
Huisburg als Mönch eingetretenen Grafen Heseke v. Orlamünde
und der Gräfin Reinwig v. Hohnstein. Von seiner Schwieger-
mutter Reinwig erhielt Graf Elger II. um 1162 die Burg
und Grafschaft Hohnstein und seit diesem Jahre wird er
„Graf v. Honstein" — und nur noch selten „Graf v. Ilfeld"
— genannt. Der Lehnsherr der Grafschaft Hohnstein, Herzog
Heinrich der Löwe, genehmigte die Übergabe. Graf Elger II.
wird seine Hofhaltung von der Burg Ilfeld auf die erheiratete
Burg Hohnstein verlegt haben. Im Jahre 1172 unternahm
Graf Elger II. mit seinem Lehnsherrn, Herzog Heinrich dem
Löwen, eine Wallfahrt in das heilige Land. Kurz vor seinem
Tode stiftete er in Gemeinschaft mit seiner Gemahlin Lutrude
unter seiner Stammburg Ilfeld 1189 das Kloster Ilfeld. Er
starb nach dem Ilselder Totenbuche am 18. Januar 1190 und
fand seine Ruhestätte im Kloster Ilfeld, wie auch seine Gemahlin Lutrude, welche am 13. November eines unbekannten
Jahres starb. Der Sohn dieses Paares, Graf Elger III., brach
die Burg Ilfeld ab und verwendete deren Steine zum Bau
des Klosters Ilfeld.

Von der Burg Ilfeld sind auf dem Burgberge vor Ilfeld
noch 2 Burggräben (in dem einen sind auf der Westecke die

Grundmauern eines Turmes zu sehen), die Grundmauern von der Ringmauer, von dem Grafenhause (auf der Westseite), von dem Burgturme (auf der Südseite) und von einem andern kleinen Gebäude zu sehen.

2. Die Stiftung des Klosters Ilfeld. — Kloster Ilfeld unter Pröpsten.

Die Klosterstiftung erfolgte im Jahre 1189 durch den Grafen Elger II. v. Ilfeld und Hohnstein in Gemeinschaft mit seiner Gemahlin Lutrude. Als Ausstattung übergab Graf Elger seiner Stiftung sein Gut Espe (es lag zwischen Ilfeld und den Braunstein- häusern am Espenbache) mit 22 Hufen Landes und sein Dorf O (welches am Nordostfuße des Burgberges in der Wiesenaue lag und der Südteil des heutigen Fleckens Ilfeld ist). Außer- dem übergab Graf Elger seinem Kloster Ilfeld einen zwischen der Bäre (Bera) und dem Espenbache, westlich vom Kloster liegenden reichslehnbaren Wald (die Frauenburg und die Harzburg), wozu König Heinrich VI. in einer am 16. November 1190 (wohl richtiger 1189) zu Salfeld ausgestellten Urkunde seine Erlaubnis gab. Elgers Gemahlin Lutrude schenkte dem Kloster Ilfeld das ganze Dorf Appenrode mit der Pfarrei und die Kirche in Bellingerode (wüst auf dem Harze bei Güntersberge). Die Ilfelder Mönche stellten etwas später in ihrer Klosterkirche (und zwar in der Wand links von der aus dem Kreuzgange in die Kirche führenden Thür) zum Andenken an die Stifter ihres Klosters einen Stein auf, welcher die Bildnisse Graf Elgers II. und dessen Gemahlin Lutrudis enthält (und noch heute in der Klosterschule aufbewahrt wird). Das Stifterpaar hält gemeinschaftlich das Modell der alten Ilfelder Kloster- kirche. Über dem Bildnisse Elgers stehen die Worte „ELGERVS. PM (piis manibus). FVNDATOR." In der linken Hand hält Elger den Hohnsteiner Schachschild, in dessen Feldern einge- hauen steht „VON HONSTEI." Über dem Bildnisse der Lutrude steht die Inschrift, „LVTRVDIS FVNDATRIX." In der linken Hand hält Lutrude den mit 2 Hirschstangen besteckten hohnsteinschen Helm. Auf dem Rande des Denk- steines steht die Majuskelinschrift: „Anno domini MCXC Henricus Imperator appropriavit fundum istius ecclesie obtentu Elgeri comitis de Honstein, cujus pater hoc ceno- bium initiavit, quod iste et sui heredes perfecerunt."

Die ersten Mönche kamen aus dem am Südharze (bei Herzberg) belegenen, von der Königin Mathilde (Witwe König Heinrichs I.) 952 gestifteten Kloster Pöhlde. Wie dieses sein Mutterkloster wollte auch das Tochterkloster Ilfeld die Prämonstratenserregel des heiligen Norbert annehmen, was der Diözesanbischof Erzbischof Konrad I. v. Mainz in einer 1193, wahrscheinlich zu Erfurt, ausgestellten Urkunde genehmigte.

Der erste Propst des Klosters Ilfeld hieß Rüdiger (er starb an einem 16. Juli), der zweite Bertolbus (er starb an einem 21. Juli); beide werden nicht in den Klosterurkunden, sondern nur im Totenbuche des Klosters genannt.

Zur Zeit der beiden ersten Pröpste erkaufte das Kloster Ilfeld ums Jahr 1200 einen Wald bei Veltengelbe vom Ritter v. Minkleben, 1208 einen Hof zu (Nieder-)Sachswerfen vom Kloster Wendhausen (oder Thale) und 5 Hufen zu Otterstedt vom Kloster Pöhlde, sowie 1 Hufe in Engelbe von Dietrich v. Kulbißhusin.

Der dritte Propst hieß Helimbertus. Ums Jahr 1215 sind die Pröpste Johannes v. Pöhlde (Polide), Helimbertus in Ilfeld (Ylevelt) und Heinrich in Bunrode (Bunerode) „judices apostolici delegati" in einer Streitsache des Abts v. Walkenried und des Pfarrers Heidenreich in Seeburg bei Duderstadt über das Zehntrecht in Oberfeld. Unter den Zeugen steht „Geroldus canonicus in Ylveld," welcher später Abt in Ilfeld wurde. Unter der Verwaltung des Propstes Helimbert erhielt das Kloster Ilfeld 1216 vom Grafen Elger III. von Honstein das Recht, in seinem Fischteiche Netzewogt (jetzt „Netzewiese" im Ilfelder Thale) fischen zu dürfen. Im Jahre 1218 schenkte der Halbstädter Dombechant Arnold dem Kloster Ilfeld 300 Mark Silbers, von denen der Kreuzgang, das Kapitelhaus, das Schlafhaus und die Kellerei sowie der größte Teil des Münsters (monasterii = der Klosterkirche) erbaut wurden. Der Dombechant Arnold fand nach seinem Tode im Kloster Ilfeld seine letzte Ruhestätte. Nachdem die Ilfelder Klosterkirche 1223 vollendet worden, wurde sie feierlich zu Ehren der Jungfrau Maria eingeweiht. In demselben Jahre verlieh Erzbischof Siegfried II. v. Mainz dem Kloster Ilfeld das Recht, fremden Pfarrkindern bei sich eine Grabstätte geben zu dürfen. Landgraf Ludwig von Thüringen erlaubte 1220 dem Propste Hilleberto v. Ilfeld den Ankauf von 8 Hufen zu Kirchengelbe für 60 Mark Silbers von seinem Lehnsmanne

Dietrich v. Grüningen. Graf Dietrich I. v. Honstein beschenkte 1227 das Kloster Ilfeld mit dem Rechte, an den vier Hauptfesten des Jahres in seinen Fischteichen zu fischen. In demselben Jahre erwarb Propst Helmbert für sein Kloster für 21 Mark 2 Höfe, 2 Hufen und 9 Morgen Land zu Veltengelbe mit Erlaubnis des Lehnsherrn, des Landgrafen Heinrich Raspes v. Thüringen, vom Edelherrn Eberher v. Salza. 1229 erkaufte er für 7½ Mark 1 Hufe Land zu Kirchengelbe vom Cyriaxkloster zu Erfurt. 1230 übergaben die Grafen Ernst und Heinrich v. Gleichen auf Bitten des Grafen Dietrichs I. v. Hohnstein dem Kloster Ilfeld das Zehntrecht über 1 Allodialgut und 1 Hufe in Novali (Rode oder Ritterode) bei Auleben, welches bisher der Ritter Barthe v. Auleben von ihnen als Lehen besessen hatte. Propst Helmbert starb am 3. Februar (wahrscheinlich 1231). Zur Zeit des Propstes Helmbert werden genannt: 1217 Wibekind, Canonicus zu Ilfeld; 1221 der Prior Ulrich und 1227 der Prior Heinrich, der Küster Ludolf und die Stiftsherren Eckard, Christian, Ludeger und Burchard zu Ilfeld.

Der vierte Propst des Klosters Ilfeld hieß Wibekind; er war 1231 Zeuge, als Graf Dietrich I. von Hohnstein dem Pfarrer Albert zu Hesserode für 5 Hufen zu Horwerterbe (Kleinwerther) 1½ Hufen zu Heringen tauschweise gab. 1233 erkaufte das Kloster Ilfeld (Propst Wedekind, Prior Eckard und Kellner Henrich zu Ilfeld) für 72 Mark wiederkäuflich vom Grafen Dietrich I. v. Hohnstein einen Jahreszins von 23 Marktscheffeln Weizen, Roggen und Gerste. 1234 trat das Kloster Ilfeld (Wedekind Propst, Heinrich Prior, Eckard Kellner, Helmold, Gerold und Bromold Stiftsherren) die Kirchen in den beiden Harzdörfern Billungerode und Bernarrode (Bärnrode) bei Günersberge an die Gräfinwitwe Oda und ihren Sohn, den Grafen Dietrich I. v. Hohnstein, ab und erhielt von diesen die Kirche in Veltengelbe und die Kapelle in Ebra mit Zubehör. 1237 werden als Zeugen genannt der Propst Wedekind v. Ilfeld und sein Prior Eckard. 1243 im Mai genehmigte Graf Dietrich I. von Hohnstein dem Propste Wedekind und dem Convente zu Ilfeld das Vorhaben, die Prämonstratenser-Regel (d. h. die strengere Regel von Prämonstrat) anzunehmen. 1243 am 29. Mai bestätigte Erzbischof Siegfried III. v. Mainz, daß das Kloster Ilfeld dem Prämonstratenserorden (des heiligen Norbert) angehört, was auch (1193) sein Vorgänger Erzbischof Konrad gethan. Propst Wibekind starb am 20. Juni (1244 oder 1245).

Der fünfte Propst hieß Vromold, welcher schon 1234 Stiftsherr im Kloster Ilfeld gewesen. Er erscheint urkundlich zuerst am 20. Mai 1246 als „prepositus Vromoldus in Ilvelt" und wird in einer Bulle des Papstes Innocenz IV. vom 11. September 1246 aufgefordert, in Gemeinschaft mit dem Abte v. Walkenried des Nordhäuser Frauenbergskloster Neuwerk zu schützen. Von diesem Propste Vromold wird berichtet, er habe gesehen und erkannt, daß die Regel der (Alt-) Prämonstratenser größere Machtbefugnisse in geistlichen und weltlichen Dingen und mehr Ansehen verleihe, als die (lindere) Magdeburgische (Norbertiner-)Regel, nach welcher sich bisher das Kloster Ilfeld und dessen Mutterkloster Pöhlde gerichtet. Vromold habe — die Absicht seines Vorgängers Wibelind ausführend (s. o. z. J. 1243) — mit Zustimmung der Ältesten seines Klosters die strengere Zucht eingeführt. Unter Zustimmung der Ältesten seines Klosterconventes und auf Geheiß des Grafen Dietrichs I. v. Hohnstein, als Schutzherrn des Klosters Ilfeld, ging Vromold — anscheinend im Herbste des Jahres 1246 — nach Premontré und ordnete dem dortigen Kloster das seinige unter. Er erhielt dort den Abtstitel. Über diese Ordensänderung berichtet der Ilfelder Mönch Johannes Caput: „Et sic transmutatio ordinis facta est anno domini 1246."

3. Kloster Ilfeld unter Äbten. — Die Äbte Vromold und Gerold.

Als Vromold nun Abt geworden war und die neue Regel eingeführt hatte, schaffte er neue Meßbücher an (die noch im Jahre 1300 im Kloster Ilfeld vorhanden waren) und verkaufte die alten Meßbücher an das Domstift S. Crucis zu Nordhausen. Vom Grafen Dietrich I. v. Hohnstein erhielt Abt Vromold 1247 für sein Kloster als Geschenk die Kirche in Holczengelde und die beiden Kirchen S. Gumperti und S. Martini im Dorfe Gruszen (Greußen); außerdem erhielt er vom Grafen Dietrich I. ein Allodialgut mit 3 Hufen zu Holtengilde sowie mit drei Wäldern (Hart, Loh und Osterholz) und gab dagegen dem Grafen das Klostergut in Gruszen (Greußen). Darauf ging Abt Vromold zum Papste Innocenz IV. nach Rom (richtiger nach Lyon), um von ihm die Bestätigung seiner Einrichtungen einzuholen. Dort erhielt

er vom Papste am 3. Dezember 1247 ein großes Privilegium:
„Papst Innocenz IV. nimmt das Kloster Ilfeld in seinen und
des heiligen Petrus Schutz und confirmiert alle dessen Rechte
und Besitzungen, nämlich den Ort, an dem das Kloster Ilfeld
gegründet, das Kloster mit seinem Zubehör, die Kirche in
Bebeleshagen (wüst bei Appenrode), das Dorf Appenrode mit
der Kirche, die Kirche in Veltengilbe mit Zubehör, die Kirche
in Holtengilbe mit Zubehör, die Kirchen S. Martini, S. Andreae
und S. Gumperti im Dorfe Grucin (Greußen) mit Zubehör,
die Kapelle in Eueran (Ebra) mit Zubehör, das Dorf O mit
Zubehör, ferner Äcker und Höfe in den Dörfern Ouwelebun
(Auleben), Girbuchi (Girbuchsrode wüst südlich von Nordhausen),
Spire inferior (Niederspier), Dalem (Wasserthalleben), Otten-
stebe (Otterstedt bei Greußen), Westerenengelin (Westerengel),
Sagwerfe (Niedersachswerfen), Balbenrobe (wüst bei Harzungen)
und Wafenleve (Woffleben) und die praedia (Güter) in Espe
und Kirchengilbe mit Zubehör."

Abt Bromold war ein gar einfacher und demütiger Mann,
der nur einen Diener hatte. Er ritt mit geflickten Stiefeln
nach Rom (Lyon) zum Papste; Fleisch und Bäder kannte er
gar nicht. Streng war er gegen die Ungehorsamen. Er kam
immer in den Convent seiner Mönche, sonderte sich nicht stolz
von ihnen ab, weder im Refectorium — außer in Krankheits-
fällen, oder wenn er Besuch hatte, dem damals nicht ein Bissen
Fleisch verabreicht wurde, auch wenns Graf Dietrich I. v. Hohnstein, der Schutzherr des Klosters, war, — noch bei der Lection —
welche damals im Kreuzgange vor dem Kloster abgehalten
wurde, wo auch die liberaria (die Bücherei oder Bibliothek) in
einer dicht neben dem Kloster befindlichen Kammer sich befand, —
noch im Chor der Kirche bei der Frühmesse — wo er vor sich sein
Antiphonar (Gesangbuch) und seine Laterne hatte, — noch bei
der Arbeit, noch im Walde beim Holzfällen, oder innerhalb
des Klosters, wenn gebaut wurde.

1248 werden genannt „Fromoldus abbas totusque conventus canonicorum regularium in Ilfeld." 1249 bestätigte Erzbischof v. Köln als päpstlicher Legat dem Kloster Ilfeld den Besitz
der ihm vom Grafen Dietrich I. v. Hohnstein geschenkten Kirchen
in Sunthusen, Holzengelbe, Veltengelbe und in Gruzen. Ende
Juli 1249 bereitete Abt Bromold seinem mildthätigen Schutzherrn,
dem am 23. Juli verstorbenen Grafen Dietrich I. v. Hohnstein,
die letzte Ruhestätte in der Kirche seines Klosters neben seinen

Ahnen. Bei der Begräbnißfeier waren des verstorbenen einziger Sohn und Nachfolger, Graf Heinrich II. von Hohnstein, und beide Schwiegersöhne, die Grafen Friedrich v. Beichlingen-Rothenburg und Heinrich v. Schwarzburg, gegenwärtig. 1250 erkaufte Kloster Ilfeld 2½ Hufen und die zugehörigen Hofstätten in Kirchengelbe vom Edelvogte Hugo v. (Langen-)Salza für 25 Mark Silbers und 1 Hufe in Kerchengelbe von Heinrich vom Palaste in Arnstadt. 1251 erkaufte Kloster Ilfeld 5 Hufen zu Sunthusen von Kunemund v. Sondershausen 1252 am 27. März zu Braunschweig stellte König Wilhelm dem Kloster Ilfeld einen Gnadenbrief aus, in dem er demselben auf Bitte seines Getreuen, des Grafen Heinrichs v. Hohnstein, dessen Vorfahren das Kloster auf dem Grunde und Boden des Reiches gegründet haben, das Recht verlieh, Reichsgüter bis zur Höhe von 30 Mark Jahreseinkünften erwerben und frei besitzen zu dürfen. Graf Heinrich II. von Hohnstein schenkte ums Jahr 1252 seinem Kloster Ilfeld die Kirche zu Hesserot und verkaufte ihm außerdem noch sein Allodialgut in Hesserob mit allem Zubehör für 100 Mark Silbers. Auf Bitten Graf Heinrichs II. v. Hohnstein genehmigte 1253 Erzbischof Gerhard v. Mainz die erfolgte Schenkung der Pfarrkirchen in den Dörfern Gruzen, Holczengelbe, Veltengelbe, Sunthusen und Hesserob an das Kloster Ilfeld. — Vor dem Thore des Klosters ließ Abt Vromold ein Hospital und neben ihm eine Kirche erbauen, in welcher für die Einwohner des Dorfes (O) und ihre Weiber Gottesdienst gehalten werden sollte. Diese Kirche und ihr Altar wurde am S. Georgiitage 1257 feierlich zu Ehren des S. Georgs eingeweiht, wahrscheinlich durch den früheren Bischof Konrad v. Olmütz, welcher der Kirche und zur Unterstützung der Armen des Hospitals einen 40tägigen Ablaß verlieh. Vom Papste Alexander IV. erhielt Abt Vromold 1257 einen Schutzbrief, in dem der Papst den Erzbischof von Mainz und seinen Clerus aufforderte, das Kloster Ilfeld gegen Bedrückungen und Angriffe seiner Widersacher zu schützen. Am 4. September 1258 starb Abt Vromold und zwar infolge eines Sturzes von einem Neubau des Klosters; er wurde in der Sakristei (in Armaria) des Klosters begraben.

Der zweite Abt, Gerold, war bereits 1234 Stiftsherr zu Ilfeld und wurde nach dem Tode Vromolds zum Abte gewählt. Sein Regiment währte noch nicht 4 Jahre, da er am 13. Februar 1262 starb. Keine einzige Klosterurkunde giebt über seine Verwaltung Kunde.

4. Abt Johannes v. Nordhausen.

Der dritte Abt des Klosters Ilfeld war Johannes. Er stammte aus dem Geschlechte (wohl der Reichsministerialen) de Northusen und war nach dem Zeugnisse des Ilfelder Mönchs Johann Caput in Wahrheit dem Namen und der Sache nach eine Gottesgabe (Anspielung auf seinen Namen Johannes d. i. Gottesgabe), denn er war ein wissenschaftlich gebildeter Mann, der in eigner Person alle sein Kloster angehenden Briefe und Urkunden diktierte. Beim heiligen Abendmahle und an den großen Festen predigte er entweder selbst im Kapitel oder in der Klosterkirche dem Convente oder ließ predigen; auch hielt er selbst die Messe und die übrigen vorgeschriebenen klösterlichen Andachtsstunden. Er war sehr streng, aber von Antlitz milde, freundlich und bedächtig und knapp in der Rede; Lüge, Verleumbung, Prahlerei und Unzucht mochte er nicht ertragen noch hören. An seiner Tafel duldete er weder schallendes Gelächter noch leises Lächeln, weder Witzreden noch Geschrei, und wenn solches etwa entstand, unterdrückte er es bald durch sein ernsterhobenes Antlitz. Er trank mit aufgerichtetem Haupte und hing sich nicht in den Krug hinein. Wenn er aber irgend welches Getränk zu sich genommen, wartete er darnach wieder eine ganze Zeit, bevor er wieder trank. Die Ordensregel beobachtete er für seine Person sorgsam; die Übertreter derselben aber machte er im Kapitel herunter. Wenn ihm persönlich ein Unrecht angethan wurde, bestrafte er es nicht; das andern angethane ließ er nicht ungerächt. Im Schlafsaale, beim Vorlesen der Schrift, im Refektorium war er oft gegenwärtig, zumal bei hohem Besuche, wenn er nicht etwa krank oder unpaß war; daher ihn denn die gräflichen Herrschaften (v. Hohnstein) beiderlei Geschlechtes sehr verehrten, ihm wohlgeneigt waren und beichteten. Er war mäßig in seiner Lebensweise und hielt die vorgeschriebenen Fasten daheim und draußen. Er fastete aber an jedem Sonntage, und wenn er das that, dann trank er am Abend nur dreimal."

1263 erwarb er für sein Kloster gegen Zahlung von 40 Mark Silbers vom Ritter Heinrich Girbuch den südlich von Sundhausen belegenen Wald Wernisberg, zwei Hofstätten in dem bei Nordhausen an der Nordseite der Helme belegenen Dorfe Gyrbuchesrode und die Fischereigerechtigkeit in der

Helme von Girbuchsrode abwärts bis nach Sundhausen.
Außerdem schenkte Ritter Heinrich Girbuch dem Kloster Ilfeld
das Patronatsrecht der Dorfkapelle zu Girbuchsrode, wofür
der Ilfelder Klosterkonvent alljährlich das Seelgedächtnis der
Eltern des Geschenkgebers proxima feria secunda post octavas
Penthecostes feiern sollte und wollte.

1266 erhielt Abt Johannes vom letzten Grafen Friedrich
v. Klettenberg dessen auf dem Petersberge zu Nordhausen (in
monte sancti Petri in Northusen) zwischen der Petrikirche
und der Stadtmauer belegenen Hof, welchen bisher des Nordhäuser Bürgers Moritz Söhne Nicolaus, Heyso und Reinher
als Lehen besessen hatten. 1268 erwarb er von Berthold v.
Lupenz für 20 Mark einen Jahreszins von 4 Marktscheffeln
(= 48 Scheffeln) Getreide von dessen Allobialgute in minori
Wurre (Kleinfurra).

1270 erlaubte Graf Friedrich v. Klettenberg als Lehnsherr, daß Dietrich v. Kleinwechsungen 3 Hufen in der Flur
des Dorfes Kleinwechsungen mit Zubehör inner- und außerhalb des Dorfes an das Kloster Ilfeld verkaufen durfte. 1271
erkaufte Abt Johannes v. Ilfeld vom Grafen Heinrich II. v.
Hohnstein für 70 Mark den nördlich von Ilfeld am Bärethale
belegenen Bergwald Netzberg ("Netzewagesberck"). In den
Urkunden dieses Grafen v. Hohnstein erscheint Abt Johannes
v. Ilfeld sehr oft als Zeuge. Auf Bitten des Abtes Johannes
v. Ilfeld und des Grafen Heinrichs II. v. Hohnstein verlegte
1271 der zu Erfurt weilende Mainzer Weihbischof Dietrich
v. Virona das Kirchweihfest des Klosters Ilfeld vom Feste
der heiligen Märtyrer Prothi und Jacincti auf die Martini-
octave. 1272 erlaubte Graf Friedrich v. Beichlingen-Rothenburg
als Lehnsherr, daß sein Getreuer Andreas v. Roßla dem
Kloster Ilfeld 1 Hufe zu Roßla schenken durfte. In demselben
Jahre erkaufte Abt Johannes v. Ilfeld vom Propste Hermann
des Klosters Dietenborn für 31 Mark 3 Hufen im Dorfe
majori Ebra, wozu der Abt des Klosters Reinhartsbrunn, von
dem das Kloster Dietenborn als Tochterkloster abhängig war,
und der Landgraf Albrecht der Entartete v. Thüringen
als Schutzherr ihre Einwilligung gaben. Dieser Landgraf
Albrecht v. Thüringen befreite 1273 auf Bitten seines Getreuen, des Grafen Heinrichs II. v. Hohnstein, die seitens des
Klosters Ilfeld von dem Ritter Dietrich v. Winkel und vom
Nonnenkloster Bonnrode (Buenrode) erkauften Güter (7 Hufen

und 1 Hof) zu Kirchengelde von der Vogtei. 1275 schenkte die Nordhäuser Begine Jutta v. Windehausen vor dem Rate der Stadt Nordhausen sich und ihre gesamte Habe dem Kloster Ilfeld. 1277 erhielt Abt Johannes v. Ilfeld für sein Kloster von den letzten Grafen Friedrich und Christian v. Clettenberg einen ihrer zu Nordhausen vor dem Hagen gelegenen Höfe geschenkt. 1278 erwarb das Kloster Ilfeld vom Grafen Heinrich II. v. Hohnstein 5 Hufen zu Heringen mit Zubehör an Höfen, Wald und Weide und von den Grafen Friedrich und Christian v. Clettenberg für 5 Mark deren Lehnsrechte an 3 Hufen in inferiori villa Rode (= Girbuchsrode), welche es von den Lehnsleuten der Grafen, den Ritterbrüdern Heinrich und Nicolaus v. Bila und dem Nordhäuser Bürger Dietrich Tockinvuz, erkauft hatte, sowie von dem Grafen Heinrich v. Kirchberg für 38 Mark 3 Hufen zu Holczengelde, welche dieser einst vom Grafen Heinrich II. v. Hohnstein für die Vogtei zu Kirchberg auf der Hainleite erhalten hatte. 1279 gab Graf Friedrich v. Clettenberg seinen Consens zu dem Verkaufe der Güter in Ebera seitens seines Vaterbruders Christian an das Kloster Ilfeld, nachdem auch die andern letzten Glieder des Clettenberger Grafengeschlechts, der Mönch Heinrich im Kloster Ilsenburg und die Canonisse Luckardis zu Quedlinburg, ihre Erlaubnis erteilt hatten. Zugleich er=laubte Graf Friedrich auf Bitten seines Brudersohnes Christian, daß der Ritter Hildebrand v. Sundhausen 1 Hufe zu Groß=wechsungen, Lehen der Grafen v. Clettenberg, an das Kloster Ilfeld verkaufen durfte. — Dieser Graf Friedrich v. Cletten=berg hatte 1267 den Rest seiner väterlichen Grafschaft Cletten=berg an den Grafen Heinrich II. v. Hohnstein abgetreten und wohnte seitdem auf der Burg zu Ober-Röblingen (bei Sanger=hausen), wo er 1277 und 1279 Urkunden für das Kloster Ilfeld ausstellte. — Auch Graf Berthold v. Clettenberg, Dom=herr zu Halberstadt, bestätigte 1279 dem Kloster Ilfeld den Besitz der von seinem Vatersbruder Christian erkauften Güter in Ebera. Von dem seinem Erlöschen entgegengehendem Ge=schlechte der Grafen v. Kirchberg (auf der Hainleite) erhielt Abt Johannes v. Ilfeld das Patronatsrecht der Kirche in Estern Taba (Ost- oder Kleintoba ist wüst auf der Hainleite östlich von Toba). 1282 erkaufte Abt Johannes für sein Kloster Ilfeld von den jungen Grafenbrüdern Dietrich und Heinrich v. Hohnstein für 100 Mark Nordhäuser Silbers 7

Hufen und 4 Höfe in Wolkerameshusen, welche jährlich 22 Marktscheffel Zinsgetreide abzugeben hatten, und 1283 abermals von diesen Grafenbrüdern für 125 Mark 9 Hufen und 6 Höfe in Wolkerameshusen, welche jährlich 28 Marktscheffel Zinsgetreide zu liefern hatten.

Vom Ritter Ludwig v. Arnsberg erkaufte Abt Johannes v. Ilfeld 1285 für 6½ Mark Silbers die Hälfte der bei Nordhausen an der Helme zwischen den Dörfern Roth (Girbuchs- oder Niederrode) und Sunthusen belegenen Mühle. In demselben Jahre erhielt er vom Grafen Heinrich v. Kirchberg 1½ Hufen und 1 Hof in Thaba, welche bisher Heinrich v. Widermuthe als Lehen besessen hatte. Im Jahre 1286 bezeugten die Grafenbrüder Dietrich II. und Heinrich III. v. Hohnstein, daß sie mit ihrem (am 24. Januar 1286) verstorbenen Vater Heinrich II. an das Kloster Ilfeld verkauft und verschenkt haben das Gut Birkenmoor (Berkemor) mit seinem Zubehör an Äckern, Wiesen, Bergen und Wäldern zwischen dem Merkelsbache und dem Oberlaufe der Bäre (Bera). 1288 erhielt Abt Johannes für sein Kloster vom Grafen Albert v. Gleichen und seinem Sohne Heinrich 5 Hufen zu Veltengel geschenkt, welche bisher Ulrich v. Arnsberg als Lehen besessen hatte. Graf Hermann von Gleichen, Domherr zu Mainz und Magdeburg, gab dazu seine Erlaubnis. In demselben Jahre stiftete der Ritter Kunemund v. Sondershausen im Kloster Ilfeld ein Seelgedächtnis für seine verstorbene Gattin Jutta mit einer Hufe zu Berga (Berka bei Sondershausen oder Berga bei Kelbra). Ferner erhielt in diesem Jahre das Kloster Ilfeld, als Konrad v. Hayn als Mönch in dasselbe eintrat, 1 Hufe Landes zu Mitteln Semeringen (Mittel-Sömmern) vom Ritter Günther v. Hayn und seinem Bruder Albert, Domherrn zu St. Crucis zu Nordhausen. Ebenfalls im Jahre 1288 entschied Graf Dietrich II. v. Hohnstein einen Streit zwischen dem Kloster Ilfeld als Besitzer der Kirche St. Jacobi in Appenrode und den Ritterbrüdern Hermann und Friedrich v. Königerode über den halben Zehnt des Dorfes Bettlershain (wüst bei Appenrode) — im Westen des Baches — zu Gunsten des Klosters Ilfeld und seines Pfarrers zu Appenrode. 1288 verkaufte der Ritter Albert v. Ebeleben für 90 Mark Silbers an das Kloster Ilfeld 3½ Hufen zu Rockstedt, 1 Hufe zu Thüringhausen und 1 Hufe zu Wolferschwende. 1290 verkaufte Berthold v. Luphirshausen dem Kämmerer Dietrich v.

Wilrode zu Ilfeld $\frac{1}{2}$ Wiese und zwei Äcker zu Woffleben (Wapheleyben) für $5\frac{1}{4}$ Mark und leistete in Gegenwart der Grafenbrüder Dietrichs II. und Heinrichs III. v. Hohnstein und vor den Bauern des Dorfes (Nieder-) Saswerfen — wahrscheinlich auf dem alten Gaugerichte „Riwenhaupt" vor Niedersachswerfen — Verzicht auf das verkaufte Gut. In demselben Jahre übergab Heinrich v. Körner dem Abte Johannes v. Ilfeld eine von Meinher v. Kleinwechsungen erkaufte Hufe zur Stiftung eines ewigen Lichtes zur Ehre Gottes und der Jungfrau Maria in der vor den Mauern des Klosters Ilfeld belegene Kapelle S. Georgii martyris. 1290 am 25. Mai zu Erfurt verlieh Kaiser Rudolf I. dem Abte und Convente des Prämonstratenserklosters Ilfeld auf Bitten des Grafen Dietrichs II. v. Hohnstein einen Gnadenbrief, in welchem er den Gnadenbrief seines Vorgängers, König Wilhelms (vom 27. März 1252), bestätigte, dessen Erlaubnis zur Erwerbung von Reichsgütern bis zu 40 (? 30) Mark Jahreseinkünften erweiterte bis zur Höhe von 80 Mark Jahreszins. Wetter bestätigte König Rudolf dem Kloster Ilfeld die Zinsen, welche diesem gegeben wurden von Hofstätten und Höfen in der königlichen Stadt Nordhausen („in opido nostro Northusen"), innerhalb und außerhalb der Stadtmauern, dergestalt, daß keiner der Schöffen oder vom Magistrate dieser Stadt diese Zinsen mindern oder aufheben sollte, vielmehr sollte Kloster Ilfeld dieselben ebenso, wie es solche von vielen Jahren her bis auf diese Zeit in Frieden besessen, auch fernerhin von seiner besonderen Gnade wegen frei (nämlich von allen städtischen Abgaben) besitzen, zumal andere, diesem Gnadenbriefe gegenteilige Privilegien nicht vorhanden seien.

Am 5. November 1280 übertrug Papst Nicolaus IV. dem Abte des Klosters Ilfeld die Entscheidung eines zwischen dem Nonnenkloster Gerbstedt und dem Grafen Heinrich v. Stolberg-Vockstedt entstandenen Streites; doch solle der Abt mit der Verhängung des Interdicts gegen den Grafen und sein Land erst nach besonders erhaltenem Befehle des Papstes vorgehen. 1291 erkaufte Abt Johann für sein Kloster Ilfeld vom Grafen Heinrich v. Kirchberg 9 Hufen und 2 Höfe zu Bellstedt 2 Hufen 9 Äcker und 3 Höfe zu Ostertoba (in villa orientali Thaba) und das Patronatsrecht der Kirchen zu Bellstedt, und Toba, wozu die Schwestern des Grafen, die Stiftsfrau Jutta zu Queblinburg und die Stiftsfrau Elisabeth zu

Gernrode und Pröpstin des Nonnenklosters Brosa, ihren Consens
gaben. 1292 gaben die Gebrüder Günther und Friedrich,
Herren v. (Langen-) Salza, mit Erlaubnis des Lehnsherrn,
des Grafen Albert von Gleichen, dem Kloster Ilfeld 2 Hufen
zu Bellstedt. 1293 bestätigte Landgraf Albrecht v. Thüringen
den Verkauf von 5 Hufen mit Höfen zu Hohenebra seitens
seines Lehnsmannes Heinrich v. Hohenebra für 30 Mark Silbers
an das Kloster Ilfeld. In demselben Jahre gab der frühere
Nordhäuser Bürger Hermann Ruscho zu einem Seelgedächtnis
für sich und seine Frau Helenburgis dem Kloster Ilfeld
1 Hufe in Westernengelbe. 1295 verkaufte der Sangerhäuser
Bürger Johannes 2 Höfe im Altendorfe vor Nordhausen an
das Kloster Ilfeld. 1295 am 13. April stellten zu Rom (zur
Zeit des Papstes Bonifazii VIII.) 19 italienische Bischöfe einen
Ablaßbrief aus, in welchem sie dem Kloster Ilfeld einen 40tä-
gigen Ablaß verliehen.

Graf Heinrich v. Kirchberg stellte dem Abte und Convente
des Klosters Ilfeld 1295 zwei Urkunden aus, in welchen er
mit Zustimmung seiner Schwester Jutta, Stiftsfrau zu Quedlinburg, zu Ehren Gottes und in Verehrung der Jungfrau
Maria dem Kloster Ilfeld all sein Eigentum in Bellstedt,
Toba, Holzthalleben und in Berndten, (Belstede, Taba, Talheim und Berngreden) und seine Eigenleute oder Hörigen (homines
quoque nostros proprios) übergab, wogegen Abt und Convent
zu Ilfeld ihm eine Grabstätte im Kloster gewährten und ihm
und seinen Vorfahren ein Seelengedächtnis stiften wollten.
Die Güter zu Bellstedt bestanden aus 12 Höfen, $8\frac{1}{2}$ Hufen
und 44 Morgen (jugera), dem Zinse „Hirtenmiete" (census
pastoris, qui vulgariter dicitur „Hertemite") und Eigenleuten,
welche fortan dem Kloster Ilfeld die Dienste leisten sollten,
welche sie bisher dem Grafen geleistet hatten.

Als bald darauf Graf Heinrich v. Kirchberg als Letzter
seines (seit 1155 bestehenden, von den Grafen v. Rothenburg
abstammenden) Geschlechts starb, bereiteten ihm Abt Johannes
und seine Mönche im Kreuzgange des Klosters Ilfeld die letzte
Ruhestätte und setzten ihm ein (jetzt spurlos verschwundenes)
Grabmal mit der Inschrift:

„Hac sunt in fossa
de Kirchberg nobilis ossa
Henrici comitis.
Deus ipsum suscipe mitis."

(b. i. In diesem Grabe ruhen die Gebeine des Edlen von Kirchberg, des Grafen Heinrichs. Gott nimm ihn gnädig auf.)

1295 bezeugte Dietrich v. Hahn, daß Walther v. Vurre dem Kloster Ilfeld ½ Hufe in minori Vurre verkauft hatte. In demselben Jahre leistete der Ritter Anno v. Schlotheim zu Gunsten des Klosters Ilfeld Verzicht auf Güter in Veltengelbe. 1297 erkaufte das Kloster Ilfeld 1 Hof und 1 Hufe zu Gerspich (Görsbach) für 23 Mark vom Nonnenkloster Kelbra. 1299 erlaubten die Grafenbrüder Heinrich der Ältere und Ludwig v. Stolberg, daß der Nordhäuser Bürger Heinrich v. Saxa an das Kloster Ilfeld verkaufen durfte 1 Hufe zu Artern, welche er von ihnen als Lehen gehabt. In demselben Jahre verkaufte Hugo v. Furra (Vurre) dem Kloster Ilfeld seine Besitzungen in den Dörfern Wilrobe (Weilrode), Osterdorf (Obagsdorf oder Oyerode, wüst bei Stöcken), Witerobe (Widagerode, wüst bei Mackenrode), Nuwendorf (Neuhof bei Walkenried), Stocke (Stöcken) und Koningerob (Königerode bei Ilfeld) für 35 Mark.

Die Erwerbungen, welche Abt Johannes für sein Kloster Ilfeld gemacht, sind großartige zu nennen und legen ein glänzendes Zeugnis von seiner großen Sparsamkeit und von seiner guten Verwaltung ab. Abt Johannes wird urkundlich zuletzt i. J. 1296 genannt; er ist zwischen 1296 und 1300 gestorben.

5. Abt Dietrich (v. Wilrode).

Er war 1290 Kämmerer des Klosters Ilfeld und stammte aus dem auf der Burg Hohnstein seit 1209 seßhaften ritterlichen Burgmannsgeschlechte derer v. Wilrobe; er war wohl ein naher Verwandter des Ritters Hugo von Wilrode, welcher 1300 mit seiner Gemahlin Elisabeth v. Arnsberg zu Gunsten des Klosters Ilfeld auf die diesem durch den Ritter Ulrich von Arnsberg (Bruder der Elisabeth) übergebenen 18½ Marktscheffel Jahresgetreidezinsen aus Veltengelde Verzicht leistete und für sich und seine Frau Elisabeth und deren Eltern Ludwig und Lucardis v. Arnsberg im Kloster Ilfeld Seelgedächtnisse stiftete.

Ebenfalls im Jahre 1300 gaben Abt Dietrich, Prior Johannes und der Convent des Klosters Ilfeld tauschweise dem Nordhäuser Domstifte St. Crucis 32 Schillinge weniger

6 Denare Jahreszinsen an Häusern in der Stadt Nordhausen und erhielten dafür vom Domstifte 2 Hufen zu Kirchengelbe und 1 Hufe zu Ottenstede. Ferner bezeugten in diesem Jahre die Grafenbrüder Dietrich II. und Heinrich III. v. Hohnstein, daß das Kloster Ilfeld von ihnen vor längerer Zeit für 70 Mark den Walbberg Herzberg (mons cervorum juxta claustrum) und die anliegenden Bergwälber bis zum Gottesthale (Gotscalcestal) und dem auf Wiegersdorf fließenden Bache erkauft habe und zwar die oberen für 50 und die unteren für 60 Mark. 1301 erkaufte das Kloster Ilfeld von Vlricus dincravius de Sangerhusen für 24 Mark Nordhäuser Silbers $2^1/_2$ Hufen zu Rockstebt und 1 Hof baselbst. 1302 schenkten die Gebrüder Heinrich, Ludolf, Albert und Ludolf v. Ebeleben dem Kloster das Eigen an 22 Äckern zu Bellstebt, welche der Nordhäuser Bürger Hermann Hobemann von ihnen als Lehen gehabt. 1302 bezeugten die obengenannten Grafen v. Hohnstein, daß sie dem Kloster Ilfeld gegeben haben die Fischerei im Kampteiche, 30 Mark Silbers zum Ankauf von 6 Marktscheffeln Getreibezinsen zur Stiftung von 4 Messen an den 4 Marienfesten, 6 Markt- scheffel Getreibezinsen oder 2 Mark zu Ustrungen und 2 Hufen und 1 Hof in Ebra majori, und daß sie an das Kloster Ilfeld verkauft haben zu Ebra das Wäldchen Harth für 16 Mark und den Wald Linde (Lindei) für 10 Mark. 1303 verkaufte Albert von Kullstebt mit Erlaubnis seiner Lehns- herren Eckard und Günther v. Straußfurt (Stuspherte) 1 Hufe zu Ebra an das Kloster Ilfeld. 1305 bezeugten die oben- genannten Grafen v. Hohnstein, daß sie dem Kloster Ilfeld geschenkt haben ihren Teil des Dorfes Ustrungen und das Patronatsrecht der dortigen Kirche mit Zubehör und Leuten, sowie ihren Teil des Dorfes Schwenda (Swende) mit dem Patronatsrechte der dortigen Kirche und mit 2 Mark Jahres- zinsen, 40 Hühnern und 3 Marktscheffeln Hafer zur Stiftung von Seelgebächtnissen für sich und ihre Gemahlinnen Sophie und Jutta und daß sie außerdem dem Kloster Ilfeld über- geben haben 9 Hufen und 1 Hof in minori Ebra und 1 Hufe zu Auleben (Oweleiben), welche der Nordhäuser Bürger Hart- wig v. Ellrich dem Sohne seiner Tochter bei seinem Eintritte ins Kloster Ilfeld mitgegeben hatte. 1305 schenkten die Herren v. Straußfurt (Stusphorde) dem Kloster Ilfeld ihr Eigen an $3^1/_2$ Hufen und 4 Höfen zu Ebera, welche Werner und Eckard v. Kullstebt von ihnen als Lehen gehabt. 1305 verkaufte

Graf Heinrich v. Blankenburg und sein Sohn Heinrich dem
Kloster Ilfeld für 52¹/₂ Mark Nordhäuser Silbers alle ihnen
zustehenden Dienste und Rechte am Allodium (Gute) des
gedachten Klosters zu Haselvelbe und nahmen das Kloster Ilfeld
in alle Gemeine (des Flecken Hasselfelde) auf. 1306 schenkte
Ludolf v. Grüningen dem Kloster Ilfeld sein Eigen an 12 Äckern
zu Western-Engelde, welche Nicolaus Cracz dem Kloster
verkauft hatte. 1307 schenkte Graf Heinrich v. Beichlingen sein
Recht an Hartmann Hovemann von Wolkramshausen dem
Kloster Ilfeld und stiftete mit dieser Schenkung für sich und
seinen verstorbenen Bruder Gunzelin ein Seelgebächtnis.
1307 gaben die Edelherren Volrad junior und Berthold
(Domherr zu Halberstadt) v. Kranichfeld für 6 Mark Nordhäuser Silbers dem Kloster Ilfeld 6¹/₂ Hufen und 5 Höfe
in Niederspier (Spire inferior) und in demselben Jahre schenkte
Volrad von Kranichfeld mit Erlaubnis seines Bruders Bert-
hold (Domherrn zu Halberstadt) dem Kloster Ilfeld das Patronatsrecht der Pfarrkirche in Schilfa (Scylfe) zu seinem und
seiner Vorfahren Seelenheile. 1307 verkauften die Grafen
Dietrich II. v. Hohnstein und seine Söhne Heinrich, Dietrich
Elger und Ulrich und die Söhne des (1305) verstorbenen
Grafen Heinrichs III.: Dietrich, Otto und Heinrich dem Kloster
Ilfeld für 80 Mark Silbers Nordhäuser Währung das Dorf
Walrode (wüst südwestlich von Ilfeld bei Niedersachswerfen)
mit Zubehör und den Fischteich Tanzteich (Tanse) und schenkten
ihm zu ihrem und ihrer Vorfahren Seelenheile das Patronatsrecht der Pfarrkirche zu Woffleben (Wapheleybin) und die von
den Edelherren Volrad und Berthold v. Kranichfeld erworbenen
Besitzungen in Kleinwechsungen und Tummenwertere (Großwerther). 1307 eigneten die Grafen Dietrich II. v. Hohnstein
und sein Brudersohn Dietrich IV. dem Kloster Ilfeld 1 Hufe
zu Urbech (bei Schlotheim) und ¹/₂ Hufe zu Kullstedt, welche
ihm von ihren Burgmanne auf Hohnstein Friedrich v. Rottleberode zum Seelgedächtnisse für sich und seine Frau Sophie
geschenkt waren. 1308 bestätigte Erzbischof Petrus von Mainz
dem Kloster Ilfeld den diesem (1295) von 19 italienischen
Bischöfen verliehenen 40tägigen Ablaß; Erzbischof Petrus
ernannte den Abt v. Ilfeld zu seinem Kaplane und die Konventsbrüder des Klosters Ilfeld zu seinen Söhnen, nahm das
Kloster in seinen Schutz und bestätigte ihm alle seine Güter.
1309 stiftete Graf Dietrich II. v. Hohnstein mit Zustimmung

seiner Söhne Heinrichs und Dietrichs und seiner Brudersöhne
Dietrichs und Heinrichs durch Schenkung seiner beim Dorfe
Bielen (Bila) belegenen Mühle im Kloster Ilfeld seine und
seiner Gemahlin Sophie Memorie. Wenige Monate später
starb Graf Dietrich II. 1310 verzichteten Truchseß Günther
der Ältere und Günther der Jüngere, genannt „Sureissig“,
v. Schlotheim zu Gunsten des Kloster Ilfeld auf ½ Hufe zu
Veltengelde.

1309 verkauften die Grafen v. Hohnstein, Heinrich und
Dietrich, Dietrich und Heinrich, dem Kloster Ilfeld einen Teil
des östlich vom Netzteiche (Netzewogl) am Brandesbache belegenen
Waldberges Lowffteberch oder Sandglincz für 100 Mark Nordhäuser Silbers. 1310 übergaben die Gebrüder Ludolf und
Ludolf v. Ebeleben dem Kloster Ilfeld 1 Hufe zu Vellstedt,
welche ihr Lehnsträger Heinrich v. Melre dem Kloster geschenkt
hatte. 1311 verkauften die Burgmannen Herdegen und
Heinrich v. Beringen auf Burg Beichlingen dem Kloster
Ilfeld alle ihre Rechte, Eigen- und Lehnsgüter zu
Holczengelbe. 1311 verkauften die Geschwister v. Heringen
dem Kloster Ilfeld ihr Eigen an 1 Hufe und 1 Hofe in dem
bei der Stadt Nordhausen belegenen Dorfe Roth inferior
(Niederrode oder Girbuchsrode), welche von ihnen die Nordhäuser Bürger Berthold v. Schidungen im Neuendorfe und
Heinrich v. Bula im Altendorfe als Lehen besessen hatten,
für 35 Mark. 1312 verkauften die Herren v. Sondershausen
für 40 Mark Nordhäuser Münze dem Kloster Ilfeld den vom
Propste des Stiftes Jechaburg als Lehen besessenen Zehnt in
Ebra. 1313 eigneten die Grafen Heinrich, Dietrich und Heinrich v. Hohnstein dem Kloster Ilfeld verschiedene erkaufte Güter
zu Holczengelbe 5 Hufen, in Velstede 1 Hufe und 1 Hof und
das Zehntrecht, in Ebra 3½ Hufen, 1 Hof und das Gasthaus-
recht, in Spira 2 Hufen, in Nordhusen 1 Hof des Pfarrers
Friedrich zu St. Blasii, in Sundershusen 1 Hof. Am 15. Mai
1313 besuchte der Mainzer Weihbischof, Bischof Johannes
v. Lavaca, ein Augustinermönch, das Kloster Ilfeld und erteilte
diesem Ablaß. Am 10. Oktober 1313 schenkte Fürst Otto
v. Anhalt-Aschersleben zu seinem und seiner Vorfahren Seelenheile dem Kloster Ilfeld zum Ersatz für die diesem durch seine
Vögte (der Burg Ebersburg) zugefügten Belästigungen und
Beschädigungen 2 ihm (zum Burggute der Ebersburg) gehörige
Höfe in der Reichsstadt Nordhausen, von denen der eine im

Altendorfe lag und als anhaltisch Lehen von den Gebrüdern
Hermann v. Bergoz und Heino Wultur (Geier) besessen wurde
und der andere bei dem Töpferthore (ante valvam figulorum)
belegen war und von Konrad, dem Sohne Konrads v. Weißensee, als anhaltisch Lehen besessen wurde, ferner das Patronatsrecht der Pfarrkirche des (jetzt bei der Sägemühle unter der
Ebersburg wüstliegenden) Dorfes Bodinrode. Der damalige
Pfandinhaber der Ebersburg (castrum Ebersberg), der Ritter
Ulrich v. Sangerhausen, gab zu der Schenkung des Patro-
natsrechtes der Pfarrkirche zu Bockenrade durch den Fürsten
Otto v. Ascharien an das Kloster Ilfeld seine Erlaubnis.
1313 übereignete Ludwig v. Bessingen als Lehnsherr dem
Kloster Ilfeld 1 Hufe im Felde des Dorfes Talheym (Wasserthalleben) welche Thilo v. Kleinerich von ihm als Lehen gehabt und für 5½ Nordhäuser Mark an dasselbe verkauft hatte.
1314 übergaben die Ritter v. Wangenheim dem Kloster Ilfeld
den durch dasselbe von Giseler Zenge in Ballhausen für 20
Nordhäuser Mark erworbenen Zehnt im Dorf Westernengelbe
mit 6 Scheffel Getreidezins im Dorfe Veltengelbe. 1314
schenkten die Ritter v. Sondershausen dem Kloster Ilfeld alles
ihr Recht und Herrschaft an der Mühle im Dorfe Belstede.
1315 am 22. Mai weilte der Mainzer Weihbischof, Bischof
Johannes v. Lavaca, abermals im Kloster Ilfeld und weihte
die vom Abte Dietrich v. Ilfeld neben dem Siechenhause (in-
firmaria) erbaute Kapelle und ihren Altar feierlich ein in die
Ehre der heiligen Maria Magdalena und der heiligen Jungfrau Katharina, bestimmte, daß das Kirchweihfest der Kapelle
alljährlich am Sonntage Misericordias domini gefeiert werden
sollte, und gab der Kapelle 80 Tage Ablaß. Zugleich setzte
er fest, daß das Kirchweihfest der (für die Einwohner des Dorfes
O beim Kloster Ilfeld bestimmten) Pfarrkapelle vor dem Kloster-
thore („capelle parochialis ante portam") zu allen Zeiten
alljährlich am 8. Tage nach Martini gefeiert werden sollte.
1315 erhielt das Kloster Ilfeld tauschweise vom Stifte Jechaburg die Kirche in Berge (Oberberga, der oberste Teil des
jetzigen Dorfes Berga, welches in alter Zeit aus 3 Dörfern
— Oberberga, Niederberga und Tropfstedt — bestand) und
gab dagegen an das Stift Jechaburg die Kirche zu Osterthaba
(wüst östlich von Toba auf der Hainleite). 1316 erkaufte
Kloster Ilfeld vom Nonnenkloster Sußra (Sussezere) für
7½ Nordhäuser Mark ½ Hufe zu Gunteresleiben (Günthers-

leben). 1316 übereigneten die Grafen Heinrich und Dietrich, Dietrich und Heinrich v. Hohnstein dem Kloster Ilfeld auf Bitten Henrich Schützes v. Spira 1 Hufe zu Nebbern Spira, welche dieser von ihnen als Lehen gehabt — 1316 übereigneten die Herren v. Almenhusen ihr Recht am Zehntrechte des Dorfes Erich und seiner Flur dem Kloster Ilfeld. 1317 übereignete Herr Ludolf v. Ebeleben dem Kloster Ilfeld 1 Hufe zu Oberspier (Spira superior) und die Herren Truchseß Berthous und Johannes von Schlotheim übereigneten ihm ½ Hufe zu Oberspier. Diese 1½ Hufen hatte der Ritter Ludolf v. Bachra als Lehen besessen. 1317 erkaufte das Kloster Ilfeld vom Peter-Paulskloster zu Erfurt für 45 Pfund Erfurter Pfennige dessen Güter, Leute und Besitzungen zu Westernengelbe. Der Edelherr Friedrich v. Heldrungen übereignete 1317 dem Kloster Ilfeld 1 Hufe und 1 Hof zu Bellstedt, welche die Gebrüder Friedrich, der Ritter, und Heinrich von Rüxleben von ihm als Lehen besessen. Im Jahre 1317 scheint Abt Dietrich v. Wilrode gestorben zu sein. Er war wohl auf der Burg Hohnstein geboren und auf ihr mit den Hohnsteiner Grafensöhnen aufgewachsen und mit ihnen befreundet. Diesem Verhältnisse hatte es wohl der geistlich gewordene Burgmannssohn mit zu verdanken, daß er zur Würde eines Abtes des hohnstein'schen Familienklosters Ilfeld emporstieg und daß ihm die Grafen v. Hohnstein solch viele Schenkungen im Jahre 1305 machten und ihm solche vorteilhaften Käufe (1300 und 1307) antrugen. Wie so oft, so war auch hier der Vorsteher des Familienklosters der Bankier seiner Herren, der bereitwillig mit dem baren Geldvorrate seines Klosters aushalf, wenn der Herrschaft Geldverlegenheiten erwachsen waren, der aber auch dabei stets die Interessen seines Klosters wahrnahm, wie es sein Amt erforderte, und eifrig auf Vermehrung und Abrundnng der Klostergüter bedacht war. — Seit Erwerbung der Grafschaft Klettenberg (1267) durch die Grafen v. Hohnstein waren diese auch Schutzherren des benachbarten Cisterzienserklosters Walkenried geworden und seitdem hatte sich das Familienkloster Ilfeld mit jenem in die Freigebigkeit und Huld der Grafen v. Hohnstein zu teilen.

6. Abt Berthold I. — Abt Dietrich II.

Es ist unbekannt, welchem Geschlechte der 5. Abt Berthold I. entstammte; urkundlich erscheint er 1318 zum ersten Male als Abt. 1318 entschieden Dechant Friedrich und Stiftsherr Gottschalk, geistliche Richter der Propstei Jechaburg, mit den Pfarrern Meinhard v. Jecha und Hartmod v. Greußen, als erwählte Schiedsrichter, einen Streit zwischen dem Abte und Konvente zu Ilfeld und dem Komthure und Konvente des Johanniterordens zu Weißensee über das Patronatsrecht der Pfarrkirche zu Schilfa (Schilffe) zu Gunsten des Klosters Ilfeld. 1318 eigneten die Grafen Dietrich der Ältere v. Hohnstein und Henrich der Jüngere v. Hohnstein-Sondershausen dem Kloster Ilfeld 1 Hof zu Oberspier (in superiori Spira), welchen dominus Bertoldus abbas de Ilfeld von den Erben des verstorbenen Ludwigs v. Kullstedt erworben hatte. 1318 bestätigte Erzbischof Petrus v. Mainz die (1315 erfolgte) Vertauschung der Pfarrkirche in orientali Thaba vom Kloster Ilfeld an das Stift Jechaburg und der Pfarrkirche in superiori Berge vom Stifte Jechaburg an das Kloster Ilfeld; weiter befahl Erzbischof Petrus dem Decan Friedrich des Kreuzstiftes zu Nordhausen, einer Beschwerde des Klosters Ilfeld über zu hohen Gehalt des Pfarrkirchenrectors in Bockenrode abzuhelfen, und bestätigte die Schenkung der Pfarrkirche zu Bockenrode durch den Grafen Otto v. Anhalt-Aschersleben an das Kloster Ilfeld; ferner gestattete Erzbischof Peter dem Kloster Ilfeld, Zehnten von Laien zu kaufen, doch mit dem Vorbehalte, dieselben für sich selbst einlösen zu können. 1318 bestätigte Fürst Bernhard v. Anhalt seines verstorbenen Oheims Otto Schenkung der Pfarrkirche zu Bockenrode an das Kloster Ilfeld und schenkte diesem auch das Lehensrecht über Dietrichs v. Urbach Hof in Nordhausen. 1318 verkaufte der Ritter Friedrich Krebs an das Kloster Ilfeld 2 Hufen und 1 Hof zu Immenrode (Ymmenrade) mit dem Patronatsrechte der Kirche zu Haverungen und leistete vor dem Gerichte der Grafen v. Hohnstein und vor den geistlichen Richtern der Propstei Jechaburg (Dechant Friedrich v. Jechaburg und Stiftsherr Gottschalk v. Weißensee zu Nordhausen) auf dasselbe Verzicht. 1319 bestätigte Erzbischof Petrus v. Mainz dem Kloster Ilfeld alle seine Privilegien. 1319 verkaufen die Ministerialen

v. Furra, Reinhard und sein Sohn Hermann, dem Kloster Ilfeld für 10 $\frac{1}{2}$ Mark ihr Zehntrecht zu Woffleben (Wapheleiben), $\frac{1}{2}$ Mark Jahreszins in Hochstede, 2 Schillinge Jahreszins in Krimberode (Crimmelderode) und 3 Scheffel Zehntfrucht zu Espe. 1319 verlieh Bertholdus abbas Ilfeldensis dem Ritter Ulrich v. Thymerobe und dessen Frau einen Jahreszins von 4 Schillingen und 2 Hühnern auf ihre Lebenszeit. 1320 erwarb Henrich v. Herriden für das Kloster Ilfeld 126 Marktscheffel Getreidejahreszinsen für sein Geld und erhielt dafür nach seinem Tode seine Ruhestätte im Kloster. 1320 schenkten die Grafen Heinrich, Dietrich und Heinrich der Jüngere v. Hohnstein dem Kloster Ilfeld die im Felde des Dorfes Hesserode belegenen Güter, welche der Ritter Henrich Bunck von ihnen als Lehen besessen. 1320 bezeugten Ritter Itel Geze v. Beichlingen, Ludwig v. Hemmleben und Hermann v. Bystete, daß Agatha, Witwe des Vogts Henrichs v. Bystete, und ihre Kinder Konrad und Hermann im öffentlichen Dinggerichte (in plebiscito) und in Gegenwart Friedrichs v. Hain, Vogts des Grafen Heinrichs des Jüngern v. Hohnstein-Sondershausen, für sich und ihren abwesenden Bruder Waxmud zu Gunsten des Klosters Ilfeld Verzicht geleistet hatten auf 5 Hufen und 7 Höfe zu Ebera. 1320 verkauften die Gebrüder Heinrich, Hugo, Hermann und Gottfried v. Asla dem Krankenhause des Klosters Ilfeld für 6 Mark Nordhäuser Silbers 1 Marktscheffel Gerste von verschiedenen Gütern (Äckern) im Felde des Dorfes Hesserode. 1320 verkaufte Dietrich v. Bipiche dem Kloster Ilfeld für 32 Mark Nordhäuser Pfennige 4 $\frac{1}{2}$ Hufen, 2 $\frac{1}{2}$ Äcker und 1 Hof zu Bercka und das Patronatsrecht der Pfarrkirche zu Bercka, wozu der Lehnsherr, Graf Heinrich der Jüngere v. Hohnstein-Sondershausen, seine Erlaubnis gab. 1320 verkaufte der Ritter Windold mit Erlaubnis seiner Brüder Heinrichs (Vogt zu Lare), Konrads und Gerhards, und seiner Lehnsherrn, der Grafenbrüder Heinrichs und Dietrichs v. Hohnstein, 1 Hufe zu Windehusen und $\frac{1}{2}$ Hufe zu Bila. 1320 schenkten die Ritterbrüder Heinrich und Hugo v. Wilrode zur Stiftung ihrer Memorie dem Kloster Ilfeld 4 Hufen im Felde des Dorfes Kleinbobungen (minoris Bodungen), welche zur Verbesserung der Kost der Klosterbrüder dienen sollten. 1320 verkauften Mechtild, die Witwe Hugos v. Furra, und ihr Sohn Hugo dem Kloster Ilfeld 3 Scheffel Zehnt zu Espe und den halben Zehnt zu

Wapheleyben. 1321 übereigneten die Grafen Henrich und
Dietrich v. Hohnstein eine von benen v. Altendorf erkaufte
Hufe im Felde des Dorfes Tutgenroben (wüst bei Rübigsdorf).
Dieselben Grafen v. Hohnstein bestätigten 1321 einen Tausch,
in welchem der Abt Berthold v. Ilfeld die Güter des Mein-
her v. Werna zu Hesserode und Meinher v. W. andere Güter
in Berga vom Abte erhielt. 1321 gaben die Grafenbrüder
Heinrich und Dietrich v. Hohnstein und Albert (der ehemalige
Tempelherr), wohnhaftig zu Utterobe (Hutenrode), dem Kloster
Ilfeld den ehemaligen Tempelherrenhof vor dem Hagen zu
Nordhausen („curia in opido Northusen ante indaginem,
quondam fratrum templariorum propriam"), ben die Grafen
1316 nach Aufhebung des Templerordens vom Johanniter-
ordenshause zu Weißensee erhalten hatten. 1321 bezeugten
die Ritter Thilo v. Werungen nnd Werner v. Wapheleyben
zu Klettenberg, daß Heinrich v. Thalheym für 16 Mark Nordhäuser Silbers dem Abte v. Ilfeld 4 Marktscheffel Jahreszinsgetreide an Gütern im Felde des Dorfes minori Werungen
verkauft hatte. 1321 übereigneten die Herren v. Sondershausen
als Lehensherren dem Kloster Ilfeld 1 Hufe Landes zu Niederspier (Spira inferior), welche dasselbe von Dietrich Laran erkauft hatte. 1322 erkaufte das Kloster Ilfeld von den Grafenbrüdern Heinrich und Dietrich v. Hohnstein das Dorf Wiegersdorf (Wigramestorf), welches ihre Mutter Sophie auf Lebenszeit
besaß, für eine gewisse (nicht genannte) Summe unter der
Bedingung, daß es erst nach dem Tode ihrer Mutter Sophie
an das Kloster fallen sollte; weiter erkaufte das Kloster Ilfeld
von den Grafenbrüdern den halben Wald im Geschlinge bei
Sondershausen (in loco, qui vulgari „Sling" dicitur,) welchen
sie von den Johanniterordenskomthuren zu Weißensee, Kutz-
leben, Topfstedt und Erfurt mit Genehmigung des Johanniter-
hochmeisters Pauli de Mutina erkauft, und verschiedene zwischen
dem Wibentale und Hubentale (bei Ilfeld) belegene Bergwälder.
1322 verkaufte der Ritter Friedrich Krebs („Cancer") dem
Kloster Ilfeld für 1 Mark Nordhäuser Silbers einen Jahreszins (1 Lammsbauch und 2 Fastnachtshühner) von Gütern zu
Immenrode, welche zum Kirchengute der Pfarrei in Haberungen gehörten. 1322 schenkte der Ritter Albert v. Wernrode dem Kloster
Ilfeld bei dem Eintritte seines Sohnes Alexanders (als Mönch)
Güter im Felde des Dorfes Ebera, welche jährlich 30 Scheffel
Frucht (zu gleichen Teilen Weizen, Roggen und Gerste) und

2 Scheffel Erbsen als Zins gaben. 1323 eigneten die Grafenbrüder Heinrich und Dietrich von Hohnstein und Graf Heinrich
der Jüngere v. Hohnstein-Sondershausen als Lehnsherren dem
Kloster Ilfeld den von Albert v. Werthern (Wertere) erkauften
Zehnt zu Wasserthalleben (Taleym). 1323 erlaubten die
Herren v. Schlotheim (der Truchseß Heyno, Heinrich Slune
und Johannes v. Byenbach) als Lehnsherrn, daß Alexander
v. Kullstedt 1 von ihnen als Lehen besessene Hufe zu Bellstedt
gegen 1 Hufe zu Kullstedt (wüst bei Rockstedt auf der Hainleite) tauschweise an das Kloster Ilfeld geben durfte. 1324
verlieh der Mainzer Weihbischof Ditmar v. Gabula (ein
Cistierziensermönch) allen bußfertigen Betern, welche Gnade
suchend zu dem Ilfelder Klosterhofe Birkenmoor (ad grangiam
ecclesie Ilveldensis in Berkemore") kommen und daselbst die
Messe an Festtagen ehrfurchtsvoll anhören und den Leib des
Herrn in Verehrung anbeten oder denselben, wenn er zu
Kranken getragen werde, ehrfurchtsvoll betend begleiten würden,
40 Tage Ablaß seitens des Erzbischofes v. Mainz und 40
Tage Ablaß seinerseits. Das Kloster Ilfeld scheint auf seinem
1282 erworbenen, an der alten Heerstraße Nordhausen-Hassel-
felde liegenden Klosterhofe Birkenmoor eine Kapelle nebst Altar
für die Reisenden zur Verrichtung ihrer Andacht und für das
Gesinde des Klosterhofes erbaut zu haben. 1324 erlaubten
die Grafenbrüder Heinrich und Dietrich v. Hohnstein als Lehnsherren, daß Friedrich v. Königerode seine Lehnsgüter zu Vette-
lershain (wüst bei Appenrode), welche 12 Schillinge Jahreszins gaben, an das Kloster Ilfeld verkaufen durfte. 1324
erhielt das Kloster Ilfeld einen Fraternitätsbrief vom Cister-
zienser-Nonnenkloster Kapelle unter der Arnsburg.

Im Anfang des Jahres 1325 erscheint der 6. Abt Dietrich II.
v. Ilfeld, über dessen Herkunft Nichts bekannt ist; unbekannt
ist auch, seit wann und wie lange er dem Kloster vorgestanden
hat. Am 5. Januar 1325 verkauften „Theodericus abbas,
Johannes prior totusque conventus ecclesie S. Marie virginis
in Ilvelt" dem Nachbarkloster Walkenried für 23 Mark Nordhäuser Silbers die vor 26 Jahren (1299) von Hugo v. Furra
erkauften Güter in den Dörfern Wittagerode, Lumelingerode,
Ewerode und Stocke, welche jährlich 36 Schillinge, 6 Hühner,
1 Gans, 2 Schock und 14 Eier, 9 Scheffelchen Roggen und
13 Scheffelchen Hafer Zins zu geben hatten. 1327 verkaufte
Eberhard v. Straußfurt (Stusfort) mit Zustimmung seines

Vatersbruders Günther dem Kloster Ilfeld 2½ Hufen zu
Girbuchsrode (Girbuchzrabe) welche von ihnen Thilo v. Hahn,
wohnhaft in Novavilla der Stadt Nordhausen, als Lehen gehabt für 6½ Mark. 1329 erlaubte Hermann v. Sondershausen als Lehnsherr, daß Siegfried v. Kullstedt ½ Hufe zu
Niederspier (inferior Spira) an das Kloster Ilfeld verkaufen
durfte. 1329 verkauften die Ritterbrüder Henrich und Friedrich
v. Wernrode für 15 Mark Nordhäuser Silbers an das Kloster
Ilfeld Güter in majori Ebera, welche als Jahreszins 30 Scheffel
Getreidefrucht, 2 Scheffel Erbsen, 1 Gans und 2 Hühner zu
geben hatten. 1329 schenkte Heinrich v. Gebesee mit seinem
Sohne Henrich seinem Herrn Sohne Albert, Geistlichen und
Kanonikus in Ilfeld, zum lebenslänglichem Nießbrauche alle
seine Güter in inferiori Spira; nach dessen Tode sollten dieselben dem Kloster Ilfeld zufallen und von diesem zur Stiftung
der Memorie seines Geschlechts verwendet werden. 1329 bekannte Dietrich v. Lypfershusen, daß er vom Abte des Klosters
Ilfeld besitze 1 Hufe im Felde des Dorfes (Nieder-)Sachs-
werfen, von der er jährlich zu Michaelis 2 Marktscheffel Hafer an
das Kloster Ilfeld als Zins zu geben habe, und 1 Mühle, in
demselben Dorfe bei seinem Hofe gelegen, von welcher er jährlich zu Michaelis 2 Nordhäuser Schillinge dem Kloster Ilfeld
zu geben habe. 1330 verkaufte Graf Heinrich v. Hohnstein-
Sondershausen für 40 Mark dem Kloster Ilfeld 5 Hufen in
Wasserthalleben (Taleym) und übereignete als Lehnherr dem
Kloster Ilfeld eine bisher von Hartung dem Älteren v. Rockstedt zu Lehen getragene Hufe im Felde des Dorfes Niederspier. 1330 erwarb das Kloster Ilfeld von der Begine Adelheid
Güter in Talheym. 1331 am 2. Januar gab Graf Heinrich
der Ältere v. Hohnstein mit gutem Willen seines Vetters
Dietrichs und aller seiner Brüder und seines Sohnes Heinrichs
dem Kloster Ilfeld das (jetzt bei Niedersachswerfen auf und
am Johannesberge wüstliegende) Dorf Bischofferode mit
allem Nutz und Rechte, wie er es bisher gehabt, und mit den
beiden über dem Dorf Crimilderode belegenen Sachsenteichen —
und das Gut zu Harwerter (Kleinwerther), das da war Heisen
Ruchscherfes und als Jahreszins 12 Marktscheffel dreierlei Getreides, 30 Nordhäuser Schillinge und 30 Hühner zu geben
hatte, damit die Ilfelder Stiftsherren seines verstorbenen
Bruders Dietrichs, seiner und ihrer beiden Hausfrauen, Frauen
Ermengard und Elisabeth, Jahrzeit, abends und morgens

mit großer Vigilie und Seelmesse, begehen sollten, wenn sie gestorben seien. Ferner sollten die Ilselber Stiftsherren von Stund an alle Tage am Altar des heiligen Kreuzes eine Seelmesse halten, seiner und seiner Vorfahren Seelen zu Troste; es wäre denn ein solcher Tag, an dem nicht mochte Seelenmesse gesungen oder gehalten werden. Und die Klosterherren-Gemeine sollten einen unter sich kiesen neben dem Prior; diese Beiden sollten alle Jahre die obengenannten Zinsen einnehmen und damit zu den 4 Jahrzeiten (jährlichen Gedächtnistagen) der beiden Grafen und ihrer Gemahlinnen den Herren und Brüdern des Klosters ihre Pfründe bessern des Abends und Morgens. Von dem Übrigbleibenden sollten die Priester, welche die Seelenmesse halten, ihre Schlafröcke und Hüte („Slaffrocke und Schoppelere“) bessern. Weiter setzte Graf Heinrich fest: Wenn Gott über uns gebeut (gebietet zu sterben), was dann mit uns gebracht wird in das Kloster (zum Begräbnis) an Pferden, Harnischen und Bettgewand, das sollte man auch wenden an dasselbige Gut und sollte damit bessern Kleider nnd Jahrzinsen. Im Fall eines Krieges der Grafen mit dem Kloster sollte das Gut geruhiglich dienen zu diesen Dingen (Seelgedächtnissen).

7. Der Abt Ludwig.

Seit dem Jahr 1332 erscheint urkundlich als 7. Abt des Klosters Alfeld Ludwig, von dem man auch nicht weiß, aus welchem Geschlechte er gestammt und wie lange er sein Amt verwaltet hat. 1332 schloß er mit Heinrich Förster einen freundschaftlichen Vertrag, nach welchem der Abt Ludwig diesem die halbe Mühle hinter dem Dorfe O unter der Bedingung übergab, davon jährlich 3 Hühner und zu Walpurgis und Michaelis je 18 Denare (Pfennige) an das Kloster Ilfeld abzugeben. Die Bauten und Reparaturen und derartige Arbeiten an der Mühle und die Ausgaben sollten beide Teile zu gleichen Teilen tragen und ebenso die Einkünfte und Früchte der Mühle zu gleichen Teilen teilen. Wenn aber Heinrich Förster seinen Mühlenanteil verkaufen wolle, sollte er denselben zuerst dem Kloster zum Kaufe anbieten. 1333 übereigneten Graf Heinrich der Ältere v. Hohnstein und sein Sohn Heinrich und sein Vetter Dietrich als Lehnsherren dem Kloster 3 Marktscheffel und 3 Scheffel Roggen und 14 Hühner Jahres-

zinſen in superiori Sazwerfen, welche der verſtorbene Friedrich
v. Holbach von ihnen als Lehen gehabt und dem Kloſter Ilfeld
zum Seelgedächtniſſe ſeines Vaters vermacht hatte, ſowie 12
Schillinge neuer Nordhäuſer Pfennige Jahreszinſen aus dem
Dorfe Betlershayn, welche Friedrich v. Königerode von
ihnen als Lehen gehabt und dem Kloſter Ilfeld zum
Seelgedächtniſſe ſeines Vaters vermacht hatte. 1333 be-
ſtätigte Erzbiſchof Heinrich v. Mainz dem Abte und Konvente
des Kloſters Ilfeld auf Bitten Graf Heinrichs des Älteren
v. Hohnſtein den Beſitz der dem Kloſter Ilfeld von dieſem
und ſeinen Vorfahren geſchenkten Pfarrkirchen in den Dörfern
Gruzen, Holzengilde, Velbengilde, Berka, Velſtede, Heſſerode,
Sunthuſen, Girbuchesrode, Sazwerfen (Niederſachswerfen),
Vockenrode. 1333 übereigneten die Grafen Heinrich der Ältere
und Heinrich der Jüngere v. Hohnſtein, Herren zu Klettenberg,
und Graf Dietrich v. Hohnſtein auf Hohnſtein dem Kloſter
Ilfeld 1 Hufe in majori Wechſungen, welche der geſtrenge
Ritter Hundertmarg von ihnen als Lehen beſeſſen hatte.
1334 ſchenkte Graf Heinrich v. Hohnſtein, Herr zu Sonders-
hauſen, dem Kloſter Ilfeld das Lehen des vom Prieſter Dietrich
Emeſio (Amalie) in der Pfarrkirche zu Thalem (Waſſerthalleben)
geſtifteten und mit 2 Hufen im Felde deſſelben Dorfes ausge-
ſtatteten Altars. 1335 verkaufte Graf Dietrich v. Hohnſtein,
Herr zu Hohnſtein, dem Abte Ludwig und ſeinem Kloſter
Ilfeld für 105 Mark Nordhäuſer Silbers 4 Hufen im Felde
des Dorfes Sunthuſen und übereignete dem Kloſter Ilfeld
5 1/2 Hufen zu Sunthuſen, welche ihm die Gebrüder Friedrich,
Eckard und Hilbebrand v. Sunthuſen für 131 Mark verkauft
hatten. Ferner erlaubte er als Lehnsherr, daß dieſe Gebrüder
v. Sunthuſen dem Kloſter Ilfeld 2 von dieſen als Lehen beſeſſene
Hufen zu Sunthuſen verkaufen durften. 1335 einigten ſich die
Grafen v. Stolberg gütlich mit dem Kloſter Ilfeld über das
lange zwiſchen ihnen ſtreitig geweſene Patronatsrecht der Kirche
in Vockenrode dergeſtalt, daß ſie ſich verpflichteten, gedachter
Kirche und ihrem Pfarrer jährlich 14 und dem Kloſter Ilfeld
jährlich 6 Marktſcheffel zu entrichten, ſo daß nur 8 Marktſcheffel ihnen verblieben. 1337 gab Graf Heinrich v. Hohnſtein, Herr zu Sondershauſen, dem Kloſter Ilfeld zu einem
Seelgeräte ſeiner und ſeiner Eltern Seele das Kirchlehen zu
Marktgruzen mit Zubehör, worauf Erzbiſchof Heinrich v. Mainz
die ecclesia parochialis in Martgruzen dem Kloſter einver-

leibte. (Der Dechant Johannes und das Domkapital zu
Mainz erlaubten und bestätigten 1340 diese Incorporation
der Pfarrkirche zu Marktgrußen.) 1338 schlossen Lodewicus dei
gratia Abbbas, Henricus Prior totusque Conventus fratrum
ecclesie sanctissime virginis in Yleveld Premonstratensis
ordinis," der Offizial Dietrich der Propstei Jechaburg und
der Ritter Friedrich v. Hain zu Wolkramshausen mit dem Propste
Heinrich des Klosters Neuwerk vor Nordhausen einen Vertrag
über einen durch diesen von dem Nordhäuser Bürger Johann
v. Elrich für 18 Mark erkauften Hof, welcher auf dem Petersberge in Nordhausen neben dem Amtshause des Pfarrers der
Petrikirche gelegen war und dem Kloster Ilfeld 16 Schillinge
Nordhäuser Münze zu geben hatte. 1338 verkauften die Gebrüder Tißel und Heinrich von Thaba dem Kloster Ilfeld
2 Hufen und 1 Hof zu Ostern Thaba für 17¹/₄ Mark Nordhäuser Währung, wobei dominus Henricus rector scolarum
in Ilvelt Zeuge war. 1338 verkaufte Dietrich v. Sondershausen, Scholasticus und Offizial zu Jechaburg, mit Erlaubnis
seines Bruders Christians v. Sondershausen und dessen Frau
und Kindern dem Kloster Ilfeld für 24 Nordhäuser Mark den
Zehnt in superiori Spira, den sie vom Propste Hermann
v. Jechaburg als Lehen gehabt. (Letzterer genehmigte 1340
den Verkauf.) 1338 schenkte der Graf Friedrich von Beichlingen-Rothenburg dem Kloster Ilfeld einen Jahreszins von
2 Nordhäuser Schillingen und 2 Hühnern von 1 Hofe in
villa nostra Tophstete (Topstedt ist der Unterteil des Dorfes
Berga), welchen der Knappe Dietrich v. Werna dem Kloster
Ilfeld zur Memorie seines Bruders Meinher gegeben hatte.
1341 eignete Graf Günther v. Kevernberg dem Abte von Ilfeld
2 Hufen und 1 Hof zu Erich. 1342 verkaufte der Nordhäuser Bürger Friedrich v. Bergen vor dem geistlichen Richter
der Propstei Jechaburg zu Nordhausen für 15 Mark Nordhäuser Silbers dem Kloster Ilfeld 1 Hufe artbares Land zu
Rockstedt, welche Dietrich beim Kirchhofe bebaute und davon
als Jahreszins 3 Marktscheffel Frucht abgab. 1344 verkauften
die Geschwister Kersten, Hermann und Kune Hupphe für 7¹/₂
Nordhäuser Mark dem Kloster Ilfeld einen Jahreszins (1 Mark
Nordhäuser Pfennige) an 2 Hufen zu Tophestete (bei Greußen);
sie wollten das Land als Erbzinsgut des Klosters weiter behalten. 1345 bezeugten die Grafenvettern Heinrich, Dietrich,
Bernhard und Ulrich v. Hohnstein, daß ihre Getreuen Wedigo

v. Rabe und seine Brüder dem Kloster Ilfeld zum Seelgedächtnisse ihres Vaters Heinrichs und ihres Bruders Heinrichs alle
ihre Güter im Dorfe und Felde Stegertal (Steigerthal) geschenkt hatten. 1347 verkauften die Gebrüder Dietrich und
Friedrich v. Ebra dem Kloster Ilfeld 1 Hufe zu Ebra. 1348
genehmigten die Grafen Heinrich, Dietrich, Bernhard und
Ulrich v. Hohnstein einen Tausch zwischen dem Kloster Ilfeld
und den Bauern zu Hesserode: das Kloster gab den Hesse-
röbern 11 Morgen und die Hesseröber gaben dem Kloster
12 Morgen. 1348 gab der Mainzer Weihbischof, Bruder
Albert v. Beichlingen, Yppussensis ecclesie episcopus, dem
Kloster Ilfeld für diejenigen, welche an genannten Festtagen
die Kirche daselbst andächtig besuchen, den Gottesacker daselbst
und den der Kirche S. Georgii extra muros predicti
monasterii betend umschreiten und für die hier Begrabenen
3 Vaterunser beten, und für die, welche die Kapelle S. Marie
Magdalene in genanntem Kloster andächtig betend besuchen würden,
einen 40 tägigen Ablaß mit einer Karena. 1348 übergab der
Ritter Gottfried von Bula, Burgmann im Hoinsteyn, dem
Kloster Ilfeld zu einem Seelgedächtnisse für sich, seine Vorfahren und Nachkommen einen Jahreszins von 2 Marktscheffel
Roggen von 3 Hufen zu Haverungen. 1349 bestätigte Erzbischof Gerlach v. Mainz auf Bitten des Grafen Heinrichs
v. Hohnstein dem Kloster Ilfeld die Einverleibung der Pfarr-
kirche in Martgrußen in dasselbe. 1349 eignete Graf Heinrich
v. Hohnstein-Sondershausen dem Kloster Ilfeld 3 Marktscheffel
Jahresgetreidezins aus dem Dorfe Ottenstede (Otterstedt bei
Greußen), welchen Ritter Heinrich v. Werther und seine Brü-
der von ihm als Lehen gehabt hatten. 1349 eigneten die
Gebrüder Johannes, Ulrich und Goswin Muzere und ihr
Vatersbruder Friedrich Muser als Lehnsherren dem Kloster
Ilfeld 1 Hufe zu Uteleiben (Uthleben), welche bisher Friedrich
v. Sunthusen von ihnen als Lehen gehabt. 1350 verkaufte
Fritsche von Sunthusen dem Kloster Ilfeld für 44 Nordhäuser
Mark 1 Hufe im Felde zu Uteleyben, die er zu Lehen von
den ehrbaren Leuten, geheißen die Musere, gehabt. Diese
Hufe hatte er dem Kloster Ilfeld aufgelassen vor den (Gerichts-)
Stühlen und vor dem Gerichte und vor dem Vogte Siegfried
seiner Herren v. Hohnstein. 1350 stifteten die Grafen Hein-
rich und Bernhard, Dietrich und Ulrich v. Hohnstein im Kloster
Ilfeld eine Memorie für die erlauchte Frau und Herrin

Adelheidis be Slezewich, die verstorbene Frau des mitgenannten
Grafen Dietrichs v. Hohnstein, mit einem Jahreszinse von 4 Marktscheffeln Weizen und Gerste, welche Friedrich Brast und Nicolaus
v. Hamme von 1 Hufe zu Windehusen zu geben hatten.
1350 genehmigte und vermehrte Erzbischof Gerlach v. Mainz
den Ablaß, welchen 20 Bischöfe zu Rom dem Kloster Ilfeld
und dessen incorporierten Pfarrkirchen in Martgrussen, West-
grussen und Klincgrussen (Klingen) gegeben hatten. 1351 eigneten die Grafen Heinrich und Bernhard, Dietrich und Ulrich
v. Hohnstein dem Kloster Ilfeld 1 1/2 Hufen Landes zu Grunbach (wüst zwischen Bielen, Leimbach und Urbach) und 1 Hof
daselbst, welchen Besitz Heinrich v. Wernrode von ihnen als
Lehen besessen und seiner Gemahlin Lysen, Tochter Heinrichs
in dem Stuhle, als Leibgedinge verschrieben hatte.

8. Abt Alexander (v. Wernrode).

Der 8. Abt war der Sohn des Ritters Albert v. Wernrode und
war 1322 in das Kloster Ilfeld als Mönch eingetreten. Abt
Alexander wird urkundlich zuerst 1352 (22. April) genannt,
wo er mit den Prior Christian und dem Convente des Klosters
Ilfeld den Heinrich Förster zu Wygersdorf (Wygramsdorf)
belehnte mit dem Sedelhofe daselbst, in dem er wohnte, und
mit einer Wiese zwischen der Bera und dem Eichenberge und
mit 1/2 Hufe Landes zu einem ewigen Erbzinsgute; doch wurde
ausgeschlossen der zu der halben Hufe gehörige Hopfenberg,
wofür er einen Wassergang am Eichenberge mit den Fischen
erhielt. Als Jahreszins sollte Heinrich Förster dem Kloster
geben zu Walpurgis 1 Nordhäuser Schilling und zu Michaelis
10 1/2 Pfennige und 2 1/2 Hafergarben und von seinem Hofe
1 Rauchhuhn zu Fastnacht in die Küche des Klosters Ilfeld
und 10 Eier zu Ostern. Dem Kloster hatte Heinrich Förster
abgekauft einen Jahreszins von 1 Marktscheffel (halb Weizen
und halb Roggen) für 5 Mark Nordhäuser Pfennige und 1
andern Marktscheffel sollte er außerdem haben als Ersatz für
den Hopfenberg an der Wolfswarte; auch gab ihm das Kloster
den Rosengarten für 1/2 Hufe. Nach einem andern, an demselben Tage vom Abte Alexander, Prior Christian und Konvente des Klosters Ilfeld ausgestellten Lehnsbriefe wurde
Heinrich Förster noch außerdem beliehen mit 1 Hufe Wiesen-

wachs, in welcher 1 Hofftätte und 1 Mühlenftätte lagen, davon
er geben follte 14 Schillinge 12 Pfennige Jahreszins und
4 Michaelshühner, ferner mit 2 Wiefenflecken ($1/4$ Morgen),
von denen er jährlich 1 Scheffel Roggen dem „Kaplan auf
der Burg Hohnftein" geben follte. 1352 verkauften die Gebrüder Heinrich, Hildebrand nnd Thilo v. Ebra (genannt
v. Ebirsberg) dem Abte Alexander v. Jlfeld und feinem Klofter
für 38 Nordhäufer Mark 2 Hufen 6 Morgen und 3 Höfe
zu Gundisleiben (Gundersleben an der Hainleite). 1353 verkauften die Gebrüder Dietrich und Friedrich und ihr Vetter
Konrad v. Tennftedt dem Abte Alexander und dem Klofter
Jlfeld für 16 Nordhäufer Mark 4 Acker Land zwischen Klingen
und Weftgruczen (Weftgreußen). 1354 verkaufte der Nordhäufer Bürger Gottfchalk Schreiber mit Zuftimmung feiner
Söhne Curt und Arnold dem Klofter Jlfeld für 30 Mark
Nordhäufer Pfennige auf dem Landdinge der Grafen v. Hohnftein vor der Stadt zu Nordhaufen vor Siegfried, dem Landvogte der Grafen, ihre Jahreszinfen an 4 Viertelhufen und
4 Höfen zu Byla (Bielen), die fie von Berthold v. Stockhaufen
und feinem Bruder Fritzfchen, wohnhaftig zu Kelbra, und von
Fritzfchen und Hermann v. Bendeleben als Lehen befeffen hatten.
Die Gebrüder Berthold und Fritzfche v. Stockhaufen verkauften
ihr Lehnsrecht an jenen Zinfen für 2 Mark Nordhäufer
Pfennige ebenfalls an das Klofter Jlfeld. Die v. Bendeleben
fchenkten dem Klofter Jlfeld 1334 ihr Lehnsrecht an den $2/4$
Hufen zu Byla. 1354 verkauften die Gebrüder Henrich, Hildebrand und Thilo v. Ebra (dicti de Ebersberg) und ihre
Brüder und Schwäger dem Klofter Jlfeld für 100 Mark
Nordhäufer Pfennige 3 Hufen und 1 Hof zu Gerspich (Görsbach), welche als Jahreszins 14 Nordhäufer Marktfcheffel Getreide gaben. Die Grafen Henrich, Dietrich und Ulrich v.
Hohnftein gaben als Lehnsherren zu diefem Verkaufe ihre
Erlaubnis. 1354 am 7. Oktober fchenkten diefe 3 Grafen
v. Hohnftein zur Stiftung einer Memorie für den kurz vorher
geftorbenen (und im Klofter Jlfeld begrabenen) Grafen
Bernhard v. Hohnftein dem Klofter Jlfeld einen Jahreszins von 3 Marktfcheffeln Weizen, Roggen und Gerfte von
einer Hufe zu Windehufen. 1355 bekundeten Alexander
abbas, Kerstanus prior, totusque conventus monasterii S.
Marie in Ilvelt, ord. Premonstrat., daß der verftorbene
und in ihrem Klofter begrabene Nordhäufer Bürger Theo-

dericus dictus Cristeninge für sein eigen Geld zu einem
Seelgedächtnisse für sich und seine Frau erkauft habe für
die in ihrem Kloster belegene Kapelle omnium Sanctorum
15 Nordhäuser Marktscheffel Jahreszinsgetreide (nämlich von
Rudolf Rost zu Sundhausen 2 Marktscheffel Weizen, 4
Msch. Roggen und 2 Msch. Hafer von 3 Hufen in campis
inferioris Rode und von Hildebrand und seinen Brüdern
von Ebersberg 2 Marktscheffel Weizen, 2 Msch. Roggen und
2 Msch. Gerste von 3 Hufen und 2 Höfen zu Gerspeche)
mit der Bestimmung, daß diese 15 Marktscheffel Jahreszinsen
dem Ilselder Stiftsherrn Dietrich, Sohne des verstorbenen
Dietrich Cristeninge (er war 1341 in das Kloster Ilseld als
Mönch eingetreten), auf dessen Lebenszeit zum Genuß zufließen
sollten. 1355 verglich sich Dietrich v. Talheim mit dem Kloster
Ilseld dergestalt, daß er zu Gunsten des Klosters Verzicht
leistete auf alle von seinem verstorbenen Oheim, dem Priester
Dietrich v. Omelich zu Thalheim, ererbten Güter im Dorfe
und Feld zu Talheim (Wasserthalleben). 1356 leistete der
Pfarrer Heinrich v. Berge zu Hachelbich zu Gunsten des Klosters
Ilseld Verzicht auf die Wendenhufe zu Hachelbich, welche das
Kloster Göllingen (welches an der Hufe einen Jahreszins von
8 Nordhäuser Pfennigen und 4 Hühnern zu fordern hatte)
dem Kloster Ilseld zum rechten Erbe verlieh. 1356 leisteten
die Gebrüder Johannes, Itel und Hermann Ghl zu Gunsten
des Klosters Ilseld Verzicht auf das Gut zu Obern Spira.
1357 verkauften Elisabeth, Witwe des verstorbenen Bertholds
Geilvuz (v. Arnswald), und ihre Kinder Berthold und Meczze
(Mechtild) für 62 Nordhäuser Mark dem Kloster Ilseld
3 Hufen und 3 Höfe zu Ufthirungen (Ustrungen), Ilselder
Lehnsgut. Elisabeth Geilvuz leistetete Verzicht zu Ufthirungen
vor einem gehegten Dinge, da zu Gerichte saß Heinrich
Kerchener, Schultheiße der Grafen v. Stolberg, und Heinrich
Nuwelant, der vrone (Frohnbote des Dinggerichts). Die Stief-
kinder der Elisabeth Geilvuz, Bertholb, Ulrich und Gela Geilvuz,
leisteten zu Gunsten des Abts Alexander und des Klosters Ilseld
Verzicht auf das verkaufte Gut. 1357 gab das Kloster Ilseld
tauschweise dem Nordhäuser Altendorfskloster die niedere Wiese
im Felde des Dorfes Rheterode (wüst Ritterode bei Großwerther), das Lehnsrecht über 1 Hufe und 17 Morgen Holz
bei Großwerther und 7$\frac{1}{2}$ Morgen Holz bei Appenrode mit
der Gauchswiese — und erhielt dagegen vom Nordhäuser

Altendorfskloster 1 Wiese bei Appenrode und 2 Meßgerten
Holz. 1358 verkauften auf Wiederkauf Hugo v. Asla und
seine Gemahlin Elisabeth zu Vorstete dem Kloster Ilfeld für
180 Nordhäuser Mark 4 Hufen und 1 Hof zu Gerspeche,
Lehen der Grafen v. Hohnstein, welche jährlich 10 Schillinge
und 4 Michaelishühner zinsten. Sollte kein Wiederkauf erfolgen, so sollten die v. Asla von den Grafen v. Hohnstein das
Eigentum des Gutes erwerben und dem Kloster Ilfeld übergeben, dieses aber ihnen noch 25 Nordhäuser Mark zuzahlen.
1358 schenkten die Grafen Heinrich, Dietrich und Ulrich
v. Hohnstein dem Kloster Ilfeld zur Besserung des Gottes-
dienstes 7 1/2 Marktscheffel Jahresgetreidezinsen (2 Weizen,
2 Roggen und 3 1/2 Hafer) von 4 Hufen, 1 Hofe und 1 Wiese
(hinter dem Kirchhofe) zu Mawerberode (Mauberode), welche
bisher Hermann v. Mawerberode von ihnen als Lehen gehabt.
1359 verpfändeten die als Burgmannen zu Klettenberg sitzenden
Gebrüder Heinrich und Sander von Wernrode dem Kloster
Ilfeld für 60 Nordhäuser Mark Silbers 2 Hufen und 1/2 Hof
zu Gerspich, wozu der Lehnsherr, der Mark- und Landgraf
Friedrich v. Meißen und Thüringen, zu Elrich am 13. Februar
1359 seine Erlaubnis gab. 1359 stifteten die Grafen Heinrich,
Dietrich und Ulrich v. Hohnstein im Kloster Ilfeld ein Seelgedächtnis für die verstorbene Gräfin Mechtild von Orlamünde,
die da war gewesen ehelich Gemahl des zuerstgenannten Grafen
Heinrichs v. Hohnstein, mit 2 Marktscheffeln (1 Weizen und
1 Roggen) Jahreszinsgetreide von 1/2 Hufe zu Windehausen,
welche Heinrich v. Wertere besaß. 1359 übereignete Edelherr
Friedrich v. Helbrungen dem Kloster Ilfeld alle Güter, welche
die Gebrüder Berthold und Dietrich v. Wertere von ihm zu
Sunthusen als Lehen besaßen. 1360 verkauften wiederkäuflich
vor dem Landvogte Siegfried der Grafen v. Hohnstein Claus
Elikin v. Petirßdorff, der zu Balberode (wüst zwischen Niedersachswerfen und Harzungen) und seine Ehefrau Abelheid dem
Diener und Gönner des Klosters Ilfeld Hans Pherfige für
60 Nordhäuser Mark einen Jahreszins von 1/2 Marktscheffeln
Weizen und 1/2 Marktscheffeln Roggen von 2 Hufen und 2 Höfen
zu Balberode, die sie als Lehen hatten vom Kloster Ilfeld für
einen Jahreszins von 8 Nordhäuser Schillingen und 4 Michaelishühnern. 1361 verkauften wiederkäuflich Hugo v. Asla, Burgmann zu Allstedt, und seine Ehefrau Elisabeth dem Kloster
Ilfeld für 3 1/2 Nordhäuser Mark einen Jahreszins von 1/4

Nordhäuser Mark (= 8 Schillingen) und 8 Hühnern von ihrem, bereits an das Kloster Ilfeld wiederkäuflich verkauften und von Thilo Schrotter bewohnten Hofe zu Gerspich. 1361 verkaufte Ritter Friedrich Beyer dem Kloster Ilfeld für 22 Nordhäuser Mark 1 Hufe und 1 Hof zu Usterungen, welches Gut Lehen des Klosters Ilfeld war und Reymars Kinder besaßen, die an das Kloster 1 Marktscheffel Roggen, 1 Msch. Gersten und ¼ Msch. Weizen als Jahreszins abgeben sollten. 1363 verkauften Ritter Albrecht und sein Bruder Friedrich von Wernrode, Burgmannen zu Klettenberg, dem Kloster Ilfeld für 54 Nordhäuser Mark 6 Marktscheffel (Weizen, Roggen, Gerste) Jahreszinsgetreide an 2 Hufen zu Wenigen Werter (Kleinwerther) auf Wiederkauf. 1363 verkauften wiederkäuflich die Gebrüder Heinrich und Sander von Wernrode, Burgmannen zu Klettenberg, dem Kloster Ilfeld für 18 Mark Nordhäuser Mark 1 Hufe, 1 Hof mit Wiesenwachs und Holzwachs zu Steinbrücken, wovon als Jahreszins abgegeben wurden ½ Marktscheffel Weizen, ½ Msch. Roggen, 1 Msch. Gerste und ½ Msch. Hafer. 1363 bestätigte Erzbischof Gerlach v. Mainz dem Kloster Ilfeld die Incorporation der Pfarrkirche in Martgrußen. 1363 erlaubten die Grafen Heinrich, Dietrich, Ulrich und Heinrich v. Hohnstein als Lehnsherren, daß ihr Getreuer Gottschalk Wylde, Bürger zu Nordhausen, dem Kloster Ilfeld wiederkäuflich verkaufen durfte für 12 Nordhäuser Mark 9 Acker zu Wenige Werter (Horwerter), welche Johannes Junge unter Abgabe eines Jahreszinses von ¼ Mark und 6 Fastnachtshühnern bebaute. 1363 verkauften Hermann v. Arnswald und seine Gemahlin Bredike (Friederike) dem Kloster Ilfeld für 24 Nordhäuser Mark 1 Hufe zu Ustyrungen, die sie zu Lehen vom Abte v. Ilfeld gehabt und Reymar von ihnen und als Jahreszins 1 Marktscheffel Weizen, 1 Msch. Roggen und ½ Msch. Gerste gab. 1364 bekannten Abt Alexander und Prior Hermann, daß der ehemalige Propst Sander des Nordhäuser Altendorfsklosters im Kloster Ilfeld seine Memorie gestiftet habe mit 1 Marktscheffel Gerste, ½ Msch. Weizen, ½ Msch. Roggen und ¼ Msch. Hafer Jahreszins von 1 Hufe und 1 Hofe zu Steinbrudin, welches Gut derselbe von den Gebrüdern Heinrich und Sander v. Wernrode, Burgmannen zu Klettenberg, für 15 Mark Nordhäuser Pfennige erkauft hatte. 1365 am Donnerstage nach Lichtmessen besiegelte „Herr Alleranor apt zcu Jluelb" mit dem Abte v. Walkenried, dem Grafen Ludwig v. Hohnstein,

Propste zu dem heiligen Kreuze zu Nordhausen, mit den
Pröpsten des Nordhäuser Frauenbergs- und Altendorfsklosters,
mit dem Kapitel des Nordhäuser Domstiftes, mit dem Dechant
Hermann v. Gotha, mit Hans Musenaugen, Richter der
Propstei Jechaburg, und mit dem Pfarrer Hilbebrand zu
S. Jacobi in der Neustadt die zwischen der Altstadt und
Neustadt zu Nordhausen geschlossene Einigung. 1365 erlaub-
ten die Grafen Heinrich, Dietrich und Ulrich v. Hohnstein
als Lehnsherren, daß Hilbebrand v. Ebersberg mit Zustimmung
seiner Brüder 1 Hof und 3 Hufen zu Gerspich, welche Rüdiger
vom Stock besaß und jährlich 14 Marktscheffel (Weizen, Roggen,
Gerste) zinsten, für 88 Nordhäuser Mark an das Kloster
Ilfeld verkaufen durfte. Zugleich eigneten die Grafen dem
Kloster Ilfeld einen Jahreszins von 11 Schillingen weniger
3 Pfennigen an 3 Hufen und 1 Hölzchen, welche ihnen Meinher v. Werna zu Gunsten des Klosters aufgelassen hatte.
1365 schenkten die Edelherren Friedrich der Ältere und Frie-
brich der Jüngere v. Helbrungen dem Kloster Ilfeld auf Bitte
Rudolfs Rosen ³/₄ Acker und 1 Hof zu Sunthusen, welches
Gut Rudolf Rose von ihnen bisher als Lehen gehabt.
1365 erwählten die Ritterbrüder Heinrich und Friedrich
v. Osterode, Burgleute zu Hohnstein, ihr Begräbnis im Kloster
Ylbevelt, da auch andere ihrer Eltern (Vorfahren) begraben
waren, und begabten den im Kreuzgange des Klosters befindlichen
Dreifaltigkeitsaltar, vor dem sie ihre Begräbnisstätte erwählt,
mit 4 Marktscheffeln Jahresgetreidezinsen und 1 Nordhäuser
Mark Jahresgeldzins aus Bendeleiben, Bila und Stockhusin.
Der Prior zu Ilfeld sollte die Jahreszinsen verteilen unter
die Priester, Diakonen, Subbiakonen und unter die Schüler.
1365 stifteten der Nordhäuser Bürger Johannes Walpurge
und seine Gattin Metze ihre Memorie im Kloster Ilfeld mit
einem Jahreszinse von 8 Nordhäuser Schillingen zu Michaelis,
6 Hühnern und 8 Schillingen zu Walpurgis und 6 Hühnern
zu Fastnacht, welche abzugeben waren von 2 Höfen und
3 Äckern zu Biela (der eine Hof lag am Nordhäuser Thore
und der andere in den Osthoven d. i. im Südteile des Dorfes
Bielen). 1365 am 18. Oktober erklärten Alexander Abt,
Hermann Prior und der Convent des Klosters Ilfeld, daß
ihre heimlichen Freunde, Walther v. Werna und sein Vetter
Heinrich v. Werna, zum Seelgedächtnisse Meyners v. Werna soviel
Geld ihrem Kloster geopfert, daß sie damit 2 Marktscheffel Getreide

von 2 Hufen zu Sunthusen von Rudolf Rosen gekauft und zu
einem ewigen Lichte bestimmt hätten, welches des Tages vor
dem S. Nicolaialtare in der Brüder Chore und des Nachts in
dem Kreuzgange vor der Schule ohne Unterlaß brennen sollte.
Abt Alexander soll noch in diesem Jahre verstorben sein.

9. Abt Herman (v. Urbach).

Er erscheint 1364 und 1365 als Prior und soll noch
im Jahre 1365 zum Abte gewählt sein. Er entstammte
der Nordhäuser Patrizierfamilie v. Urbach. 1366 verkaufte
Berthold v. Arnswald ihm und seinem Kloster Ilfeld für
19 Nordhäuser Mark einen Jahreszins von 2 Marktscheffeln
Getreide (Weizen und Roggen) und 26 Pfennigen an einem
seiner Höfe und an Lande zu Usterungen („auf dem Rode,
vor dem Steiger, bei der Seelache, bei dem Weidendamme,
beim großen Kreuze, an dem Streitwege"). 1366 übergaben
die Grafenbrüder Heinrich und Ernst v. Gleichen dem Kloster
Ilfeld zu ihrem Seelenheile und dem ihrer getreuen Mannen
Bertholds v. Wertere und seiner Vettern Albrechts, Friedrichs
und Heinrichs, Gebrüder v. Wertere zu Talheim (Wasserthalleben) bei Greußen, 2 Hufen im Flure des „großen Dorfes
Erich" (Großenehrich). 1366 verkauften auf Wiederkauf der
Nordhäuser Bürger Gottschalk Wylde, seine Gemahlin Else
und ihr Sohn Konrad dem „Abte Hermann v. Urbich, seiner
Schwester Sohne," und dem Kloster Ilfeld für 6 Nordhäuser
Mark einen Jahreszins von 12 Schillingen und von 2 Semmel-
broten (deren jedes 40 Pfund schwer sein sollte) zu Fastnacht von
einer Mühle an der Salza, welche von ihm der Nordhäuser Bürger
Segarth vom Hagen als Lehen besaß, und von 6 zur Mühle gehörigen Äckern, die er von den Grafen von Hohnstein als Lehen
hatte. Die Grafen Heinrich, Dietrich, Ulrich und Heinrich der
Junge von Hohnstein gaben als Lehensherrn zu diesem Verkaufe
ihre Erlaubnis an demselben Tage. 1366 schloß das Kloster
Ilfeld mit den Gevettern Berthold, Albrecht, Friedrich und Heinrich von Wertere zu Talheym bei Grußen einen Tausch.
Das Kloster Ilfeld gab denen von Werthern 21 Acker Weiden
und 1 Settel sowie 4 Hintersettlerhöfe zu Talheym bei Greußen
und erhielt dagegen von denen v. Werthern 2 Hufen zu Großen
Erich mit Zustimmung der Lehnsherren, der Grafen Hein-

rich und Ernst v. Gleichen. 1366 opferten und schenkten
die Grafen Heinrich der Ältere, Dietrich, Ulrich und Heinrich
der Junge von Hohnstein dem Kloster Ilfeld 9 Schillinge
Jahreszins und 4 Fastnachtshühner von 1¹/₂ Hufen zu Hesserode und zu Großen Wechsungen. 1366 bekannte Graf Dietrich
von Hohnstein, daß seine Gemahlin, die erlauchte Fürstin
Sophie von Braunschweig, dem Kloster Ilfeld für 22 Nordhäuser Mark verkauft habe 1³/₄ Hufen zu Usterungen, welche
alljährlich zu Michaelis 2¹/₂ Marktscheffel Roggen als Zins
gaben. 1366 am 12. September zu Frankfurt am Main
verlieh Kaiser Karl IV. dem Abte Hermann des Klosters
Ylvelb einen Gnadenbrief (dessen Original noch heute im Fürstlichen Gemeinschaftsarchive zu Stolberg aufbewahrt wird); in
diesem nahm der Kaiser das Kloster Ilfeld in seinen Schutz,
bestätigte ihm, wie die früheren Kaiser und Könige, alle seine
Besitzungen und verhängte über Alle, welche diesem Privilegium
zuwider handeln würden, eine Strafe von 50 Mark feinen
Goldes, welche halb dem kaiserlichen Fiskus und halb dem
Kloster zufließen sollte. 1369 trat Johann, Sohn des Bürgers
Heinrich von Bergriben, als Mönch in das Kloster Ilfeld.
1370 gab Dietrich Kämmerer, Burgmann in Strusberg (Burg
Straußberg auf der Hainleite), mit Erlaubnis seiner Erben (des
Plebans Heinrich zu Nebern Spira, Hermanns, Dietrichs und
Johannis) dem Abte und Kloster Ilfeld zu seiner Vorfahren
Memorien mit seinem jüngeren Sohne Friedrich (der als Mönch
in das Kloster Ilfeld eintrat) den Zehnt der Dörfer Wygrams-
torf, Harczungen, Gunczelstorf (wüst zwischen Rüdigsdorf und
Neustadt östlich von Harzungen), Rudigerstorf und Balberabe
(wüst östlich von Harzungen) mit 20 Michaelishühnern. 1373
bekannte Abt Hermann von Ilfeld, daß seines Klosters Lehns-
mann Heinrich Fürster von Wygramsdorf mit Rate und
Wissen der Grafen Dietrichs des Ältern, seines Bruders Ulrichs
und seines Sohnes Dietrichs von Hohnstein sich geteilt habe in
das Lehnsgut, das er vom Kloster Ilfeld besaß, mit seinem Sohne
Johann, weil er (der alte Heinrich Fürster) sich wieder ver-
heiraten wollte mit Hansen Dorings Tochter. 1377 übergab
dominus Henricus comes de Stalberg dem Kloster Ilfeld
zur Stiftung eines Seelgedächtnisses für sich und die Seinigen
4 Hufen zu Ongelebin (Ouweleibin-Auleben), welche der Nordhäuser Bürger Tuticho besaß.

10. Abt Friedrich I (Graf v. Wernigerode).

Dieser 10. Abt wird urkundlich zum ersten Male am 30. November 1378 genannt, wo „Abt Friedrich, Prior Conrad und die ganze Samenunge des Klosters Ilfeld" mit dem Burgmanne Hermann von Holbach auf Hohnstein einen Vertrag schlossen, nach welchen sie die beiden Pfarrkirchen zu Appenrode und zu Bischofferode (jetzt wüst bei Woffleben) in ein Lehen und in eine Pfarre zusammenlegten, damit in beiden Kirchen Gottes Lob und Dienst geübt und gemehrt werde, weil das Zubehör der beiden Kirchen „durch orloyges und kriegeswegen" also verwüstet und vernichtet worden waren, daß sich kein Priester von einer Kirche allein ernähren konnte. Der Abt als Patron der Kirche zu Appenrode und Hermann von Holbach als Patron der Kirche zu Bischofferode einigten sich um das Pfarrlehen (Besetzung der Pfarre) der beiden vereinigten Kirchen dahin, daß Hermann von Holbach und seine Erben das Pfarrlehen ewiglich leihen sollten, so oft es erledigt werde, aber nur den Conventsherren einen des Klosters Ilfeld. Fortan sollte die Kirche zu Appenrode die rechte Pfarrkirche und Mutter und die Kirche zu Bischofferode die Tochter sein. Diese Kirchenvereinigung bestätigte 1379 der Erzbischof Ludwig von Mainz als Diözesanbischof. 1379 war Abt Friedrich von Ilfeld, geborner Graf von Wernigerode mit als Zeuge gegenwärtig, als Graf Günther der Jüngere von Schwarzburg vor dem Landgerichte (zu Winkel) der Grafschaft an gehegter Bank und rechter Dingstatt vor dem schwarzburgschen Landvogte Heinrich von Doringenhausen zu Gunsten seiner beiden ältesten Brüder, der Grafen Heinrich und Günther von Schwarzburg, auf sein väterlich und mütterlich Erbe Verzicht leistete. 1379 verkaufte „Fridericus dei patientia abbas ecclesie Ilveldensis" für 10 Mark Nordhäuser Pfennige an das Nordhäuser Frauenbergskloster Neuwerk 1 Mark Jahreszinsen von seinen Gütern und Zinsen in der Stadt Nordhausen. 1380 befreiten Graf Heinrich der Ältere von Hohnstein-Klettenberg, als ein geloner Vormund seiner Vettern, der jungen Grafen Dietrich und Heinrich von Hohnstein, und Graf Heinrich, Erbherr zu Hohnstein, die durch Heinrich von Taba, gräflichen Kaplan auf „Hoinstein" und Pfarrer zu Appenrode, von Curd Verche erkauften 2 Hufen, 3 Wiesenflecke und 1 Hofstatt zu

Appenrode, Lehen des Klosters Ilfeld, als ein frei geistlich Gut, welches sein althergebrachtes Recht in Gemeine, Holze und Felde behalten sollte. Diese Befreiung sprachen noch in demselben Jahre auch die jungen Grafen Dietrich und Heinrich von Hohnstein, die wahrscheinlich inzwischen mündig geworden waren, aus. 1383 eigneten die Grafenbrüder Dietrich und Heinrich v. Hohnstein dem Kloster Ilfeld 1 Wiesenfleck in der Brandesbach, das Hans Schroters, wohnhaft im Spitalhofe vor dem Kloster Ilfeld, und 1 Wiesenfleck in der Hegera (zwischen Wigramsdorff und Hohnstein), das Hans Pherfiger, wohnhaft im Kloster Ilfeld, gewesen, befreiten die beiden Wiesenflecke von allen herrschaftlichen Diensten und widmeten dieselben sich und ihren Eltern zu Troste zu dem Lichte, das da stand im Kloster vor des heiligen Kreuzes Altare bei dem Grabe ihrer Herrschaft (b. h. bei dem Erbbegräbnisse der gräflichen Herrschaft v. Hohnstein). 1385 am 17. September („am sancte lamprechtes tage des heyligen merterers") erklärten Graf Ulrich und sein Sohn Dietrich und ihr Vetter Dietrich v. Hohnstein, daß sie mit wohlbedachtem Mute um Gottes und durch besondere Gunst und Gnade willen, die sie zu dem Kloster Ylveld, welches ihre Voreltern gestiftet, haben und durch Forderunge willen Graf Friedrichs v. Wernigerode ihres lieben Oheimen, der itzund apt ist des Klosters Ylvelt, geben und gegeben haben eigen und frei dem Abte und Kloster, daß sie mögen bauen und bauen lassen „geseße" (b. i. Wohnsitze, Wohnhäuser) und Leute hinein setzen, die ihnen zu Diensten und Steuer stehen sollen (b. h. dienst- und steuerpflichtig sein sollen), auf einem südlich vom Kloster Ilfeld, zwischen diesem und dem uralten Dörfchen O belegenen Flecken und Raume („zwischen dem Kloster Ylvelt und dem Webershofe, der da liegt allernächst über dem Dorfe „die O" und gehört in das closter zu Ylvelt; dasselbe Flecke soll sich anhebe an dem closter Ylbevelt an dem tore und westendwerth über dem rechten vorwergk den bergk ane, wan an das holcz, als der rechte hoestygk herusgehet von dem berge, der da heist der gastbergk, von dem holcze glich nibber wan (bis) an die ecken des boumgarten, und hart an dem boumgarten uff wan an den borgkbergk an das holcz und harte unter dem borgkbergke hen; vor dem holcze nibber wan an den weberhoff, also daß der borgkbergk darussen blibet, und von dem weberhoffe über den wegk, also des gotshus von Ylvelt wesen wenden, glich da obirhin

wan in die Bera, die Bera uff wan an das closter"). Die
Grafen von Hohnstein versprachen, von den Leuten, welche in
dem bezeichneten Reviere sich anbauen würden, weder Steuern
noch Abgaben fordern, über sie weder Gebote noch Gerichte
ausüben zu wollen, sondern sie sollten mit allen Rechten,
Diensten, Abgaben, Steuern und Gerichten ewiglich folgen und
dienen dem Kloster und des Klosters rechten Vormunden (Vor-
stehern = Äbten). Mit der Gabe dieses Gunst- und Freiheitsbriefes bestellten die genannten 3 Grafen für sich und
alle ihre Nachkommen Seelgeräte (Seelgedächtnisse) mit Vigilien und Seelmessen, wie das Gewohnheit war, im Kloster
Ilfeld. Die 3 Grafen setzten sodann noch fest, daß in das
vorbeschriebene Fleck vor dem Kloster ihre besessenen Leute aus
ihren Städten und Dörfern nicht ziehen und nicht bauen sollten, sie (die Grafen) hätten es denn zuvor erlaubt. Wenn
Bewohner des neuen Flecken Güter besäßen in der Grafen
Gerichten und Ämtern, sollten sie von den Gütern dieselben
Dienste und Abgaben leisten, wie die Besitzer der andern Güter
der betreffenden Örter nach Veranlagung der Gekornen (gewählten Vorsteher) dieser Örter. Kein Abt oder Vormund
oder Convent des Klosters Ilfeld sollte den neuen Flecken verkaufen, versetzen oder veräußern, es geschähe denn mit Wissen
und gutem Willen der Grafen von Hohnstein, die „das hus
zu Honsteyn" rechtlich inne hätten. Falls ein Einwohner des
neuen Flecken Handel mit Holz, Kaufmannswaren oder andern Dingen triebe, von denen den Grafen von Honstein Zoll
gegeben werde, sollte derselbe den Zoll ohne Widerrede geben,
wie die andern Handelsleute, die nicht in dem Flecken wohnten.
Zur Sicherheit der ewigen und unverbrüchlichen Haltung
dieses Gnaden- und Freiheitsbriefes hingen alle 3 Grafen v.
Hohnstein ihre Siegel an. Dasselbe that auch Graf Heinrich
v. Hohnstein, Herr zu Lohra (Lare), zum Zeugnisse seiner Zustimmung und seines Einverständnisses. Diese Urkunde ist
der Stiftungs- und Gründungsbrief des Flecken
Ilfeld; mit dem neuen Flecken ist dann nach und nach das
alte Dörfchen O verschmolzen. 1385 schloß Abt Friedrich
(ein geborner Graf v. Wernigerode) v. Ilfeld und sein Konvent mit den Grafen Heinrich und Günther v. Schwarzburg
auf 6 Jahre einen Vertrag, nach welchem das Kloster Ilfeld
von seinen in der Grafschaft Schwarzburg liegenden Kloster-
gütern den Grafen jährlich 50 Marktscheffel Getreidezinsen

abgeben und die gewöhnlichen, althergebrachten Dienste leisten
sollte. Die von den Grafen weggenommenen Jahreszinsen an
Getreide und Gelde sollten den Grafen verbleiben. Die Grafen aber sollten das Kloster Ilfeld und seine Güter schützen
und schirmen. Nach Ablauf der 6 Jahre sollte und wollte das
Kloster Ilfeld auf der Grafen Gnade sitzen, wie bei deren Voreltern.

1386 verschrieb Abt Friedrich v. Ilfeld dem Konvente
seines Klosters an seiner (bei Appenrode belegenen) Niclauswiese 18 Schillinge Michaeliszins gegen Einräumung eines
dem Kloster gegenüberliegenden Gartens und 8 Schillinge
Jahreszins für 4 Mark Nordhäuser Pfennige, welche Frau
Kunne (Kunigunde) von Berga zu Kelbra dem Kloster Ilfeld
zu einer Memorie ihres verstorbenen Mannes Heinrich Rap-
paden gegeben hatte. 1389 schlossen die Ratsmeister, die Rats-
leute, die Viermänner der Stadt Nordhausen mit Wissen und
Willen beider Ratsregimenter und der Handwerksmeister vor
dem Nordhäuser Stadtschulzen Helwig v. Rotheleyben vor
dem Gerichte „an des heutigen richtsstule" in der Stadt Nordhausen mit dem ehrwürdigen v. Creshusen, Conventual und
Kornmeister des Klosters Ilfeld im Klosterhofe zu Nordhausen,
und mit dem Hermann von dem Angere, Schultheißen des
Klosters Ilfeld, einen Vertrag, nach welchem der Rat der
Stadt Nordhausen dem Abte Friedrich, dem Prior Heinrich
und dem Konvente des Gotteshauses und Münsters unserer
lieben Frauen zu Ilfeld, Prämonstratenser-Ordens, den Ilfelder
Klosterhof von dem Hayne (Hagen) in Nordhausen befreite,
von der Bede, vom Geschoß (beides Stadtsteuern) und vom
Wachdienste, wie auch eine tauschweise diesem Hofe zugelegte
hinter diesem Hofe belegene wüste Hofstätte, wogegen das
Kloster Ilfeld von seinen in der Stadt Nordhausen besitzenden
Jahreszinsen dem Rate als Ersatz übergab ½ Mark, 51½
Schillinge, 42 Pfennige, 3 Fastnachts- und 4 Michaelishühner.
Abt Friedrich (I.) v. Ilfeld, geborner Graf v. Wernigerode,
wird am 13. Juli 1395 gestorben sein. Sein Grabdenkmal
stand noch ums Jahr 1800 im Kreuzgange neben dem Ein-
gange der Klosterkirche und zeigte u. a. sein Wernigerober
Stammwappen, die beiden, den Bauch sich zukehrenden Fo-
rellen. Von der Inschrift war damals noch zu lesen: Anno
dni. Mccclxxv. III. yd'. Julii vita sui severi (? vigilia
sancti Severi) — das wäre der 13. Juli 1375. Da Abt
Friedrich I. aber sicher noch 1385 (am 17. September und

am Vortage des Matthäustages) urkundlich genannt wird, so
wird die Jahreszahl „1395" zu lesen sein. (Der Stein war
um 1800 schon „ziemlich abgeschilfert", als der Wernigeröder
Geschichtsforscher Delius denselben besichtigte und beschrieb. —
Nach Mitteilung des Hrn. Archivrates Dr. Jacobs in Wernigerode.)

11. Abt Friedrich II. (v. Rusteberg).

Dieser 11. Abt erscheint als solcher urkundlich zuerst am
30. November 1396 und entstammte dem eichsfeldischen Ritter-
geschlechte derer v. Rusteberg. 1397 erlaubte Graf Heinrich
v. Hohnstein-Lohra-Klettenberg als Lehnsherr, daß seine lieben
Getreuen, die Gebrüder Albrecht, Hans und Berlt v. Wechsun-
gen, zum Seelenheile ihres Freundes Apels v. Turme dem
Kloster Ilfeld geben durften einen Jahreszins von 9 Scheffeln
Weizen und 9 Scheffeln Roggen von 2 ihrer Lehnshufen zu
Tinkelrieden (wüst zwischen Großwechsungen, Hesserode und
Kleinwerther.) 1398 bestätigte Papst Bonifazius IX. dem Kloster
Ilfeld den Besitz der Pfarrkirchen zu Martgruzen, Klingen,
Westgruzen, Holczengele, Kerchengele, Hesserode und Appenrode
und anderer Güter in diesen Ortschaften. 1398 hatte der
Ilfelder Klosterkonversus Albrecht Adolphsleb eines Unter-
thanen des Grafen v. Schwarzburg Tochter Katharina genot-
züchtigt. Der Vater des Mädchens klagte die böse That dem
Grafen Heinrich von Schwarzburg, welcher den Thäter, der
sich durch die Flucht zu retten suchte, greifen und zu Sondershausen ins Gefängnis werfen, auf Bitte des Abts aber nach
Ilfeld zum Empfang gebührlicher Strafe transportieren ließ.
1400 hatte der Abt v. Ilfeld 2 böse Konventsbrüder; der
eine, Heinrich Völcker, Aufseher des Ilfelder Klosterhofes zu
Kirchengel, hatte über 30 Marktscheffel von dem Einkommen
dieses Klosterhofes entwendet und verkauft und das Geld in
seinen Beutel gesteckt, um sich damit in die Welt zu begeben;
der andere Bruder, Johannes v. Weißensee, Aufseher des Ilfelder Klosterhofes zu Hohenebra, hatte Getreide und 1 Pferd
von dem Klosterhofe gestohlen und Notzucht an Heinrichs
Wangen Eheweibe zu Hohenebra verübt. Als der Abt von
Ilfeld solches erfahren, hatte er sich alsbald nach Greußen
zum Grafen Heinrich v. Schwarzburg begeben und diesen gebeten, die beiden ungetreuen Klosterbrüder verhaften zu lassen.
Das geschah denn auch und die beiden Bösewichter wurden

sodann, ihre verdiente Strafe zu empfangen und zu leiden, nach Ilfeld gebracht und dem Abte ausgeliefert. Im Jahre 1400 kaufte Herr Günther Ritter für das Kloster Ilfeld einen von diesem für 350 Gulden wiederkäuflich verkauften Jahreszins zurück, welchen er auf seine Lebenszeit genießen wollte; nach seinem Tode sollte er aber wieder an das Kloster fallen. Ferner erkaufte er ein jährlich aus Nordhausen an das Kloster zu lieferndes Faß Bier (vas cerevisie). Für dieses Geschenk erhielt der Schenkgeber nach seinem Tode eine Begräbnisstätte im Kloster Ilfeld. 1403 gab Graf Heinrich v. Hohnstein-Klettenberg mit seinen Söhnen Heinrich, Ernst und Günther dem Abte Friedrich v. Rusteberg, dem Prior Johannes Wynterberg und der Sammlung des Klosters Ilfeld 6 Marktscheffel jährlichen Kornzins (Weizen, Roggen und Gerste) an dem Vorwerk zu „grozen Wertere" und erhielt dagegen vom Kloster 2 Hufen zu Kleinwerther, welche fortan gehören und dienen sollten „zcu der borg zcu Wenyngen Wertere." 1406 verkaufte Abt Friedrich v. Rusteberg zu Ilfeld dem Nordhäuser Frauenbergskloster für 4 Mark einen Jahreszins von 1 Mark, welcher von Länderei zu Bielen und zu Kleinwerther zu geben war. Am 4. Juli 1406 schlossen zu „Ilefeld" (im Kloster) der Bischof Rudolph v. Halberstadt mit dem Herzoge Otto v. Braunschweig und dem Fürsten Bernd v. Anhalt ein Bündnis gegen den Bischof Johann v. Hildesheim. 1407 gaben Abt Friedrich v. Rusteberg, Prior Conrad Clemens, Küster Johannes Lyndemann, Hofmeister Werner Husmann zu Nordhausen und der ganze Konvent des Klosters Ilfeld dem Nordhäuser S. Martinihospitale als Erbzinsgut 5 Hufen vor der Stadt Nordhausen und im Felde zu Steinbrücken gegen einen Jahreszins von 8 Marktscheffeln Weizen, Roggen und Gerste. 1407 erlaubten Abt Friedrich und der Konvent des Klosters Ilfeld und der Konventsbruder Hermann v. Blicherode, Pfarrer zu Markgrußen, daß der Priester Heinrich v. Dachrieden, Vikar der Marienkirche zu Erfurt, mit dem Bürger Johannes Helwig zu Greußen in der Pfarrkirche der Stadt Markgrußen zum Altare corporis Christi, S. Laurentii, S. Felicis, S. Adaucti, Beate Katherine virginis eine ewige Vicarie stiften und einrichten und mit einem für 200 rheinische Gulden erkauften Jahreszinse von 8 Erfurter Maltern Getreide (Weizen, Roggen und Gerste) ausstatten durften. 1407 schloß Abt Friedrich v. Rusteberg zu Ilfeld mit Wissen seiner gnädigen Herren, der Grafen Heinrichs und Dietrichs v. Hohnstein, mit seinem Konvente einen Vertrag um Altargelder und Präsenzien, die seine Vorfahren vor alter Zeit besessen, nun aber längere Zeit, (seit 1390) ausgeblieben waren, weil die Grafen v. Schwarzburg dieselben (es sollten sein 56 Marktscheffel Getreide und 10 Mark Geld Jahreszinsen) widerrechtlich mit Beschlag belegt hatten. Der Konvent des Klosters Ilfeld verpflichtete sich, alle Tage 3 Messen (Hochmesse, Frühmesse und Unserer lieben Frauen-Messe) in der Klosterkirche bestellen zu wollen und halten zu lassen. Dagegen übergab demselben der Abt Friedrich aus des Klosters Gütern 25 Marktscheffel Getreide-Jahreszinsen von Ländereien zu Schernberg, Sunthusen, Usterungen und Tinkellriden und 10 Mark Geld-Jahreszinsen von Wiesen zu Appenrode und Großen Werter und 1 Mark Jahreszinsen aus dem Dorfe und Felde zu Dymerode (wüst nördlich von Görsbach). Ferner gelobte der Abt seinem Konvente, ihm die Freiheit zu lassen von der alten Abtei an bis an Hansens v. Engelde Hof, der da gelegen war an dem Kirchhofe, daß er darin nimmermehr in keinerlei Sachen greifen sollte und wollte. Weiter gestattete der Abt, daß die Conventsherren von ihren Präsenzien, Korn- und Geldzinsen an Geistliche und Laien verkaufen durften, doch sollte das Kaufgeld wieder zu des Konvents Nutz und Frommen angelegt werden. Endlich wurde noch festgesetzt, daß der Abt keinen Priester als Klosterperson einkleiden, auch keinen Mitbruder des Konvents zum Priester weihen lassen sollte. — Unter den Urkunden des Klosters Ilfeld findet sich eine Bulle Papst Gregors XII. vom 7. Juli 1407, in welcher Folgendes erzählt wird: Der Ritter Conradus Vogt habe früher einige seiner Landgüter mit Erlaubnis der Grafen v. Schwarzburg seinen 3 Töchtern zu lebenslänglichem Nießbrauche vermacht. Diese 3 Töchter hätten ein Einsiedlerleben erwählt und eine Zelle oder Haus mit einer hölzernen Capelle (Bethause) zur Abhaltung von Messen an einem bei Westgreußen belegenen und „Jericho" genannten Orte neu erbauen lassen und hätten diese Zelle bis zu ihrem Tode mit 2 Mägden (duabus ancillis earum seu feminis) bewohnt. Nach dem Tode des Ritters und seiner Töchter hätten jene beiden Mägde alle beweglichen Sachen aus der Zelle getragen und mehrere Jahre außerhalb der Zelle gewohnt. Die Grafen Heinrich und Günther v. Schwarzburg hätten nun eine neue Kapelle zu Ehren der Jungfrau Maria an einem

dazu geeigneten Orte außerhalb der Stadt Greußen gebaut
und hätten seinen Vorgänger, den Papst Innocenz VII. gebeten,
er möge die Erbauung und Ausstattung dieser Kapelle ge-
nehmigen und den beiden Schwarzburger Grafen das Patronatsrecht der neuen Kapelle übertragen, auch erlauben, daß die
Besitzungen jener alten Zelle der neuen Kapelle übertragen
würden. Papst Innocenz VII. habe diese Bitten gewährt.
Bevor aber der päpstliche Brief in die Hände des mit seiner
Ausführung beauftragten Dekans v. Jechaburg gelangt sei, sei
Papst Innocenz VII. gestorben.

Papst Gregor XII. beauftragte nun den Jechaburger
Dekan, er möge den Brief des Papstes Innocenz VII. ausführen, als wenn ihm derselbe bei dessen Lebzeiten übergeben
worden wäre und wie wenn er bereits an die Ausführung
desselben gegangen sei; doch solle für den Rektor der Kapelle
eine genügende Dotation vorhanden sein und das Pfarrrecht
gewahrt werden. (Die Lage der alten Zelle an der Nord-
westseite des Dorfes Westgreußen ist noch bekannt; die dort-
liegenden Äcker heißen noch heute „hinter dem Kloster." Das
kleine Kloster muß vor 1341 erbaut worden sein, denn in
jenem Jahre verpflichtete sich „Theodericus Advocatus miles
— wohl der Sohn des Ritters Konrad Vogt —, die 3 Artikel
gegen die Pfarre in Westgruzen, in deren Bezirke das
cenobium sanctimonialium neu erbaut worden, halten zu
wollen. Die von den Grafen Heinrich und Günther v. Schwarzburg 1407 bei Greußen neuerbaute Kapelle, welche Besitznach-
folgerin der eingegangenen alten Zelle „Jericho" wurde, wird
im katholischen Archidiakonatsregister der sedes Grussen 1506
„capella b. virginis in Appfenthall" genannt. Sie lag im
Pfarrbezirke des Greußener Stadtpfarrers; die Pfarrkirche
S. Martini zu Greußen war aber eine Patronatskirche des
Klosters Ilfeld. Das ist der Grund, weshalb sich der vor-
stehende päpstliche Brief unter den Ilfelder Klosterurkunden
findet.) — 1408 am 31. Januar schlossen im Kloster Ilfeld
in Gegenwart der Grafen Heinrichs und Ernsts v. Hohnstein
und Heinrichs v. Stolberg die Nordhäuser Ratsherren Nicolaus
Sessinsmet und Reinhard Weissinberg eine Sühne mit dem
Grafen Heinrich v. Wernigerode. In dieser Zeit hatten Abt
Friedrich II. von Ilfeld eine Klage gegen die beiden Grafen
Heinrich und Günther v. Schwarzburg und dessen Lehnsmannen
Heinrich Kraborn, Hermann Obelacker, Berthold Steyn, Werner

Hovemann, Johann in dem Bohnenthale, Dietrich Lynbeschu und
Rudolf Isenach wegen Wegnahme der beiden Klosterhöfe zu
(Kirch-)Engilbe und (Hohen-)Ebra mit 200 Hufen Land, Wiesen,
Wäldern und Weinbergen am päpstlichen Hofe angestrengt.
Der päpstliche Kaplan und Auditor und Doktor beider Rechte
Brandanus de Castillion, Erzpriester der Martinikirche v. Le-
mate (ums Jahr 1400), und dann der Carbinaldiakonus des
des Titels SS. Cosme et Damiani Johannes als Richter mit
dem päpstlichen Auditor Bischof Jacob v. Aquila fällten am
18. Januar 1408 in civitate Senensi das Urteil zu Ungunsten
der Schwarzburger Grafen und ihrer Helfershelfer. Das
Kloster Ilfeld hatte für die ihm entrissenen und vorenthaltenen
Klostergüter und Jahreszinsen und, weil die Grafen und ihre
Genossen die dem Kloster Ilfeld gehörigen Pfarrkirchen zu
Marcgruzen und Clingen eingenommen und zu Pferdeställen
benutzt, auch die Ilfelder Konversen (Laienbrüder) Friedrich
v. Banck, Heinrich vom Thale und Conrad Sasse gefangen
genommen und gemißhandelt hatten, einen Schadenersatz von
3000 Goldgulden gefordert. Diese Summe wurde auf 1000
Gulden ermäßigt und die Kosten des Prozesses wurden durch
den päpstlichen Auditor Thomas (am 6. Juni 1408 zu Lucca)
auf 25 Gulden festgesetzt. Eine (am 5. Juli 1408 zu Lucca
ausgestellte) päpstliche Bulle Gregors XII. (abgedruckt in Förste-
mann, mon rer. Ilfeld § 47ᵃ, S. 38—47) berichtet ausführlich
über diesen Prozeß des Klosters Ilfeld gegen die Schwarzburger
Grafen. — 1409 beauftragten Petrus Episcopus Tusculanus,
päpstlicher Pönitentiarius, und sein Coll) Antonius Episcopus Portuensis den Abt v. Walkenried, den Abt Friedrich v.
Ilfeld und seine Mönche und Konversen, welche aus Un-
wissenheit in der Zeit, als der Papst das Interdikt über
Stadt und Diözese Mainz verhängt, in ihrem Kloster Gottesdienst gehalten hatten, vom Banne und Interdicte, in welche
sie deshalb geraten, zu absolvieren und loszusprechen. 1410
am Sonntage Lätare wurde im Kloster Ilfeld in Gegenwart
der Grafen Heinrich, Ernst und Günther v. Hohnstein-Lohra-
Klettenberg, des Grafen Heinrichs v. Hohnstein-Kelbra und
des Abts Friedrich v. Ilfeld eine Sühne zwischen den Bürgern
der Stadt Nordhausen und dem Grafen Dietrich IX. von
Hohnstein-Heringen und seinen Leuten und Helfern geschlossen,
durch welche einer mehrjährigen Fehde ein Ende gemacht wurde.
1410 am 29. Juni beauftragte der päpstliche Pönitentiar,

Antonius Episcopus Portuensis, den Abt v. Walkenried, daß
er den Abt Friedrich v. Ilfeld und dessen Mönche und Konversen von der geistlichen Strafe und von der Exkommunikation
lossprechen sollte, in welche dieselben hineingeraten zu sein und
welche sich dieselben zugezogen zu haben scheinen könnten durch
folgenden Vorfall: Sie hätten nämlich die ihrem Kloster einver-
verleibte Kapelle in Girbutesrobe wegen der sich dort aufhal-
tenden Räuber, welche die dortigen Bauern durch Räubereien,
Gewaltthaten und Mord bedrückten, mit Erlaubnis des Papstes
abreißen und statt ihrer an einem besser gelegenen Orte eine
andere Kapelle erbauen lassen wollen. Als sie aber im Be-
griff gewesen, den Altar abzubrechen, seien die heiligen Zeichen
sichtbar geworden und plötzlich in ganz wunderbarer Weise
3 frische Tropfen Blutes auf dem Arbeitskleide des einen Ar-
beiters erschienen, obgleich der Mann unverletzt gewesen und
keinerlei Wunde an sich gehabt und Niemand gewußt habe,
woher das Blut gekommen sei. Die darüber erschrockenen Ilfelder Mönche hätten die Sache wegen Gewissensscrupel an
die beiden genannten päpstlichen Pönitentiare gebracht.

1411 am 14. Mai einigten sich Abt Friedrich und die Kon-
ventsherren des Klosters Ilfeld, weißen Ordens (Johannes
Grymme, Nicolaus Ildehusen, Johannes Koler, Sibote Wulter,
Konrad Klemens, Berlt Grußen, Friedrich v. Klettenberg,
Hertwig Friedang, Friedrich Kemmerer, Werner Hußmann,
Johannes Bebici, Johannes Lindemann, Nicolaus Götze und
Johannes Norten), mit den edlen, ihren lieben Herren Grafen
Heinrich und Günthern v. Schwarzburg, Herrn zu Arnstadt
und Sondershausen, um die 40 Mark und um solche Dienste,
die diese vom Kloster Ilfeld von dessen Höfen Honebra und
Kirchengelde und von dessen aus dem Schwarzburgschen zu
beziehenden Korngülten (Getreidezinsen) jährlich beanspruchten,
und um alle Sachen, Kriege und Ansprüche, die sie gegen die
genannten Herren (Grafen) alle vergangene Zeit klagend an
den päpstlichen Hof zu Rom und andere Stellen gebracht,
dergestalt, daß das Kloster Ilfeld die (im Jahre 1408) er-
langten drei Urteile in keinerlei Weise gegen die beiden Grafen
v. Schwarzburg gebrauchen und die von diesen aufgehobenen
Klosterzinsen aus dem Schwarzburgschen nicht fordern wollte.
Dagegen versprachen die Grafen, dem Kloster Ilfeld dessen
Klosterhöfe im Schwarzburgschen und deren Zubehörungen mit
Pferden, Kühen, Schafen, Schweinen, Wagen und Pflügen und

des Klosters Kornzinsen im Schwarzburgischen wieder einzu-
antworten, ruhiglich besitzen und gebrauchen zu lassen, die Il-
felber Klostergüter zu beschützen und zu beschirmen, auch zur
Erstattung des dem Kloster zugefügten Schadens die obengenannten 40 Mark in den nächsten 10 Jahren nicht zu fordern.
Außerdem sollte das Kloster Ilfeld Bau- und Brennholz für
die beiden Klosterhöfe (in der Grafen Walbungen) hauen lassen
und gebrauchen dürfen. Durch diesen Vertrag wurde der mehr
als 20jährige Streit zwischen dem Kloster Ilfeld und den
beiden Schwarzburger Grafen beigelegt. 1411 schenkten die
Gebrüder Gopel und Hans v. Bula, Burgmannen zu Hohnstein, dem Abte Friedrich und seinem Kloster Ilfeld zu ihrem
und ihrer Eltern Seelgeräte 1 Hufe, 2 Höfe und 1 Baum-
garten zu Husrebeningßen (Oberröblingen bei Sangerhausen);
die Grafen Ulrich v. Hohnstein-Kelbra und sein Sohn Heinrich gaben als Lehnsherren ihre Einwilligung dazu und eigneten und freiten diese Güter dem Kloster Ilfeld. In der
Nacht des 15. Septembers 1412 kam als Flüchtling, barfuß
und im bloßen Hembe, Graf Heinrich v. Hohnstein-Kelbra,
welcher bei der Eroberung der Burg Hohnstein durch den
Edelherrn Friedrich v. Helbrungen (als Bundesgenossen des mit
seinem Oheime Graf Ulrich v. Hohnstein - Kelbra und dessen
Sohne Heinrich in Fehde liegenden Grafen Dietrichs IX. v.
Hohnstein-Heringen) von seiner Gemahlin Margarethe v. Weins-
berg, um ihn der ihm drohenden Gefangennahme zu entziehen,
an einem Seile durch ein Fenster aus der Burg Hohnstein
hinabgelassen worden war, zum Abte Friedrich in das Kloster
Ilfeld. Abt Friedrich versah den Sohn seines gräflichen Mit-
schutzherren bereitwilligst mit Kleidung und mit einem tüch-
tigen Rosse, auf dem derselbe eiligst zu dem Landgrafen Friedrich v. Thüringen, seinen und des Helbrungers Lehnsherrn, und
sodann zu den Markgrafen Friedrich dem Streitbaren und
dessen Bruder Wilhelm v. Meißen ritt, um deren Hilfe und
Beistand gegen den Helbrunger zu erbitten. 1413 belehnte
Friedrich v. Rusteberg, Abt des Klosters und Prämonstratenser-
stifts Ilfeld, Gertrud, die Ehefrau Kunenunds v. Ebra, und
mit ihr des gestrengen Dietrich Trockenfleischs Frau Else
zur Leibzucht (als Wittumsgut auf Lebenszeit) mit 2 Hufen
und 4 Höfen zu Borzleben (Borgsleiben). 1413 ertauschte
Graf Dietrich v. Hohnstein-Heringen vom Abte Friedrich v.
Rusteberg und den geistlichen Priestern und Ältesten des Klosters

Ilfeld (Johannes v. Northen, Johannes Grymmen, Klaus Ildehusen, Konrad Clemens und Friedrich Kemmerer) 3 Hufen im Flure der Stadt Heringen und etliche Sedelhöfe mit Zubehör in jener Stadt, wogegen der Graf dem Kloster 12 Marktscheffel Getreidejahreszinsen an dem gräflichen Vorwerke zu Görsbach (Gerspich) und an Ländereien zu Windehausen gab und ihm 3 Acker Wiesen zu Auleben) (Ouweleiben), welche zu einem ewigen Lichte Unserliebenfrauen im Kloster gehörten, freite von allen Abgaben. Als am 10. Juni 1414 der Rat der Stadt Nordhausen auf dem Verhandlungstage zu Stempeda die Streitigkeiten zwischen dem Rate zu Mühlhausen und Heinrich Tutensode rechtlich entschied, waren dabei gegenwärtig „der Apt von Ylfelt" und die Grafen Heinrich v. Stolberg, Heinrich v. Wernigerode und Dietrich IX. v. Hohnstein-Heringen. Letzterer schenkte in seinem am 25. Mai 1417 zu Schotingen aufgesetzten Testamente dem Abte und Konvente des Klosters Ilfeld: den Fischteich zu Woffleben, den Fischteich Stockfee und das Dorf Königerode (Koningerode) mit Zubehör zu einem Seelgedächtnisse für sich und seine Vorfahren. Die Erben und Mitbesitzer der Herrschaften des bald darauf verstorbenen Grafen Dietrichs IX., Graf Heinrich v. Schwarzburg-Arnstadt-Sondershausen, Graf Botho v. Stolberg, Herr Heinrich v. Gera und die Herren Gottschalk und Jan v. Plesse, bestätigten am 27. Januar 1418 dem Abte Friedrich und seinem Kloster Ilfeld die Schenkung zur Stiftung eines Seelgerätes Graf Dietrichs und freiten und eigneten sie denselben. Am 4. Februar 1418 gelobten Abt Friedrich, Prior Johannes Northeim, Küster Johannes Wolf und der Konvent des Klosters Ilfeld für jene Schenkung das Jahresgedächtnis des verstorbenen Grafen Dietrichs IX. von Hohnstein-Heringen jährlich viermal, nämlich alle Weihfasten, mit Vigilien und Messen halten zu wollen. Im Jahre 1417 erwarb Graf Botho v. Stolberg durch Kauf vom Grafen Dietrich IX. v. Hohnstein-Heringen und von des 1413 erstochenen Friedrichs v. Heldrungen Witwe (Agnes v. Gleichen) und Söhnen (Heinrich und Friedrich) die Burg und Herrschaft Hohnstein und damit die Schutzvogtei über das in letzterer belegene Kloster Ilfeld. 1418 verlegte der Weihbischof des Erzbischofs Johannes v. Mainz, frater Heinricus episcopus ecclesie Adrimitane, auf Bitten des Abts Friedrich v. Ilfeld das Kirchweihfest der vor dem Kloster gelegenen Kapelle S. Georgii vom Sonntage vor Mariä Geburt auf den Sonntag nach Martini und verlieh zugleich dieser Kapelle einen Ablaß von 40 Tagen und 1 Karena. Es ist diese Urkunde die letzte, in welcher Abt Friedrich II. genannt wird; er wird bald darauf verstorben sein. Sein Nachfolger und 12. Abt des Kloster war

12. Abt Heinrich (von dem Walde).

Er scheint bald nach dem Antritte seiner Abtswürde Boten nach Prag zum Kaiser Sigismund gesandt und um Konfirmation der Privilegien seines Klosters gebeten zu haben; denn am 24. Juli 1420 gab zu Prag auf dem Hause (der Burg Hradschin) „Sigismund von Gottes Gnaden Römischer König, zu allen Zeiten Mehrer des Reichs, zu Hungern, in Böhmen, Dalmatien, Croatien König", da vor ihm des ehrsamen Abtes und Konvents des Klosters Ilfeld, Prämonstratenserordens, seiner lieben Andächtigen, Botschaft kommen und ihn bemütig darum gebeten, einen Gnadenbrief, in welchem er ihnen ihre Gnaden, Rechte, Begabungen, Verleihungen, Freiheiten, Güter, gute Gewohnheiten, alt Herkommen, Briefe, Privilegien und Handvesten, die ihre Vorfahren und sie von seinen Vorfahren, römischen Kaisern und Königen, und auch von ihm erworben, gnädiglich bestätigte, verwahrte, befestigte und konfirmierte. Auch gebot er allen Fürsten, geistlichen und weltlichen, allen Grafen, freien Herren, Rittern, Knechten, Amtleuten, Bürgermeistern, Städten und Gemeinden und sonstigen allen andern seinen Unterthanen und Getreuen ernstlich und festiglich, das Kloster Ilfeld bei seinen Privilegien von seinet- und des Reichs wegen getreulich zu handhaben, zu schützen und zu schirmen, so lieb es ihnen sei, seine und des Reiches schwere Ungnade zu vermeiden. 1422 belehnten Abt Heinrich von dem Walde und der Konvent des Klosters Ilfeld den zu Allmenhausen wohnhaften Hans v. Bula und dessen Ehefrau Adelheid auf deren Lebenszeit mit 9 Acker Weingarten an dem Gralsbache bei Klingen. 1422 verkauften Abt Heinrich, Prior Nicolaus Ilbehusen, Subprior Johannes Northeim und der ganze Konvent des Klosters Ilfeld für 20 Nordhäuser Mark auf Wiederkauf dem gestrengen Hans von Watterode 2 Hufen zu Mauderode, die zuvor in dessen Vorwerk daselbst gehört hatten und von seinen

Voreltern an das Kloster gekommen waren. 1422 verkauften die Gebrüder Heinrich und Ulrich Marschalke gesessen zu Brugken (Brücken) auf Wiederkauf für 60 Goldgulden (welche der verstorbene Heinrich v. Bila und seine Söhne Curd und Heinrich dem Kloster Ilfeld zur Stiftung ihrer Memorie und zur Erlangung ihres Begräbnisses im Kloster gegeben) dem Abt Heinrich, Prior Claus Ilbehusen, Subprior Johannes Northeim, Küster Heinrich Stoln und ganzem Konvente des Klosters Ilfeld einen Jahreszins von 4½ Gulden an allen ihren Häusern und Gütern. 1423 am 25. April gaben „Henrich von dem Wolde von gotlicher gnad apt, Nicolaus Ilbehusen prior, Johan Northus underprior, Conrad Clemens, Berld von Grussen, Friedrich Clettenberg dotzu dy ganze covent gemeinichen alt und jung des closters zu Ilvelt des ordens von premonstryge" auf Ansuchen ihrer lieben Getreuen Claus Stochusen, Frytze Heysen, Claws Schroter und Hans Francke, Vormunden des Dorfs vor ihrem Kloster zu Ilfelb, zu einer Einung, die sie unter sich gesetzt und gemacht hatten, ihren guten Willen und Vollbort. Die Einung zählt folgende Straffälle auf: Wer die Wahl zum Dorfvormunde nicht annimmt, zahlt 1 Mark Strafe. Ungehorsam gegen die Vormunde wird mit 1 Mark gestraft, Mißhandlung der Dorfvormunde mit 10 Schillingen, Mißhandlung eines Nachbars mit Scheltworten mit 5 Schillingen, Frevel und Gewalt nach Erkenntnis des Gerichts, Nichthilfe bei Mißhandlung eines Nachbars durch einen Gast 1 Mark. Wer des Dorfes Befestigung, Zingeln, Graben, Zäune und Hecken beschädigt, zahlt 5 Pfennige, den Angerzaun 6 Pfennige. Wer nicht rechtzeitig zum hohen Gerichte kommt, zahlt 1 Schilling. Wer nicht die ihm gebotene Wache hält, zahlt 5 Schillinge. Wer nicht rechtzeitig kommt, wenn man die Glocke läutet, wenn die Vormunden den Einwohnern etwas zu verkündigen haben, zahlt 1 Schilling. Wer die von den Vormunden gesetzten Gelder nicht rechtzeitig zahlt, soll für 5 Schillinge gepfändet werden. Wenn der Gepfändete das Pfand nicht binnen 14 Nächten löst, soll er doppelte Strafe geben. Kein Einwohner soll einen Fremden hausen und hetmen, er wolle denn gut für ihn sein. Kein Einwohner soll Mist oder Erde auf die Straße, dem Dorf oder seinem Nachbar zum Schaden, schütten. Wird ihm die Wegschaffung geboten, soll er dieselbe ausführen binnen 14 Tagen oder 5 Schillinge Strafe zahlen. Wer nicht giebt recht Maß und Gewicht, ist einer Strafe von 5 Schillingen verfallen. Vormunde des Dorfes, welche Bußen nicht einziehen oder des Dorfes Not in irgend einer Weise verletzen und nicht abstellen, sollen den Klosterherren ½ Fuder Bier oder dem Dorfe 10 Schillinge Strafe von ihrem eigenen Gelde erlegen. Wer frevelhaft in dem Gerichte des Herrn (Abts) Messer, Barte, Schwert oder irgend eine Wehr über einen andern zücket, soll dem Dorfe 5 Schillinge zahlen. Wer dabei Schaden anrichtet, indem er Jemanden braun, blau oder lahm oder Haupt-Wunden nagelstief schlägt, der büßet nach dem Urteile des Gerichts. Wer ein Zetergeschrei erhebt in des Herrn (Abts) Gerichte, der zahlt als Strafe 1 Mark. Jeder Hauswirt, der nicht aus seinem Hause einen Menschen über 12 Jahr zum Mitgehen schickt, wenn man am S. Markustage mit den Heiligen (Reliquien und Fahnen) in der Kreuzwoche zum Gebet (um die Flur) gehet, soll um 2 Groschen gepfändet werden. Wer ohne Rechtsverweigerung anderer Herren Gerichte sucht, soll dem Gerichte zu Ilfeld 3 Schorfe und 3 Pfund Strafe zahlen. Wer um Geld „toppelt oder rasselt" (Hazard spielt), soll dem Dorfe 5 Schillinge zahlen, aber der Wirt, welcher das in seinem Hause erlaubt und gestattet, soll den Klosterherren 10 Schillinge zahlen. Wer heimliche Sachen aus der Versammlung der Vormunden offenbart, den soll man greifen an Leib und Gut. Wer einen Todschlag verübt im Gerichte des Abts zu Ilfeld, der soll außer der Buße das Dorf auf 1 Jahr räumen und verlassen. Welcher Einwohner sieht und hört, daß Jemand, Einheimischer oder Frember, der Klosterherren oder Klosterbrüder einen mit Worten oder Werken im Dorfe oder Felde mißhandelt, und leistet, das zu wehren, keine Hülfe, soll den Klosterherren ½ Fuder Bier als Strafe geben. Wer im Dorfe wohnen und Wasser und Weide mitgebrauchen will, soll geloben, die Einung stete und ganz zu halten. Wer das nicht thun will, soll im Dorfe nicht gelitten und nicht verteidigt werden. Abt und Konvent hingen ihre Siegel zur Bestätigung dieser Einigungsartikel an den Einigungsbrief. (Derselbe ist abgedruckt in der Zeitschrift des Harzvereins III. S. 266—269.)

1423 eigneten Heinrich, Edler Herr v. Helbrungen, und seine Mutter Agnes, Edle Frau v. Helbrungen, dem Kloster Ilfeld eine zwischen Auleben und dem Riethofe belegene Wiese, die bisher Fritsche v. Biela von ihnen als Lehen gehabt. 1424 verkaufte der zu Obern Spira wohnhafte Dietrich v. Sondershausen dem Abt des Klosters Ilfeld wiederkäuflich für 40 Gulden einen Jahreszins von 4 Gulden. Im Jahre 1425 starben „dominus Hinricus von dem Walde, abbas monasterii Ylueld., dominus Johannes Grymme und Fredericus camerarius, conventuales et presbyteri Ilueld."

13. Abt Thilo (Becker).

Er war der 13. Abt v. Ilfeld. 1426 bekannten die Gebrüder Dietrich und Heinrich v. Rusteberg, daß der von ihnen an Kindehausen zu Westgreußen verkaufte Weingarten zu Klingen dem Kloster Ilfeld zehntbar sei; sie hätten jedoch den Zehnt mit Gunst ihres seligen Bruders, des Abts (Friedrich v. Rusteberg) zu Ilfeld, nicht entrichtet. Auch der Propst Wilkin Willer des Nordhäuser Frauenbergklosters „Neuwerk" erklärte 1429, daß der Rusteberger Weingarten zu Klingen dem Kloster Ilfeld zehntpflichtig sei. 1426 bekannte Graf Botho zu Stolberg und Wernigerode sonderlich für seine Nachkommen in der Herrschaft Hohnstein, daß er mit Wissen und Willen des Abts Thylen v. Ilfeld das dem Kloster Ilfeld gehörige Artland auf dem Birkenmoore (Berkemore) habe beackern und besäen lassen. Das solle der Gerechtigkeit des Klosters unschädlich sein. Wenn die (Stifts-)Herren v. Ilfeld das Land wieder heischten, wollte es ihnen Graf Botho wieder ebenso überlassen, wie es die Herrschaft Hohnstein dem Kloster gegeben habe. 1428 erlaubte Graf Botho v. Stolberg als Lehnsherr, daß Reinhard v. Ebra dem Kloster Ilfeld zu seinem Seelgedächtnisse 1 Marktscheffel (halb Weizen und halb Gerste) Jahreszins von einer Hufe zu Uftrungen übergeben durfte. 1429 bekundete Graf Botho v. Stolberg, Herr zu Hohnstein, für sich und seine Nachkommen in der Herrschaft Hohnstein, daß seine betreffs des dem Kloster Ilfeld zugehörigen „Berckmors" (Klosterhof Birkenmoor) 1426 getroffenen Verfügungen mit Wissen des Abts Thilo v. Ilfeld geschehen und ohne Nachteil für das Kloster gewesen seien und beständig gelten sollten. 1431 schenkte Katharina, Witwe Bertholds Unkenrode, dem Kloster Ilfeld zur Stiftung ihrer und ihres Mannes Memorie einen Weinberg am roten Werke vor dem Flecken Klingen mit einigen andern Äckern. 1432 entschieden

die Grafenbrüder Heinrich und Ernst v. Hohnstein-Lohra-
Klettenberg auf einen Tage zu Salza auf Bitten des Herrn
Tyle Beglers, Abts des Stifts und Klosters Unserer lieben
Frauen zu Ilfeld, einen Streit zwischen 2 Müllern zu Salza
wegen der durch Feuer vernichteten „Hebe des Wassers" der
Mühle, welche ihre Vorfahren dem Kloster Ilfeld einst zum
Seelgedächtnisse gegeben, damals vom Müller Heinrich Poppe
dem Alten besessen wurde und abgebrannt war, dahingehend,
daß die Mühle Heinrich Poppens in allen Gnaden und Rech-
ten bleiben und die Wasser-Hebe gleich der Mühle des andern
Müllers Hans Giseler haben sollte. Ferner sollten die Ein-
wohner ihres Dorfes Salza bei Heinrich Poppen und seinen
Nachkommen mahlen und nur bei ihm backen (kein anderer
Backofen sollte daselbst mehr sein); auch sollte Heinrich Poppe
in allen Dörfern des Grafen Mahlgut holen dürfen, wo er
solches erlangen könne. 1434 verpachteten Prior Conrabus,
Unterprior Johannes Wolf und der Konvent des Klosters
Ilfeld dem gestrengen Fritsche v. Wertere zu Hußrebeningen
(Oberröblingen bei Sangerhausen) auf 9 Jahre: einen Sedilhof
zu Hußrebeningen, von dem er jährlich zu Michaelis 1 Pfund
Pfennige und sechs Michaelishühner, und 1 Hufe Landes daselbst, von der er die ersten 4 Jahre jährlich 3 Marktscheffel,
die andern 5 Jahre jährlich 5 Marktscheffel (Weizen, Roggen
und Gerste zu gleichen Teilen) in den Ilfelder Klosterhof zu
Nordhausen vor dem Hagen geben und liefern sollte. 1435
bestätigte Graf Botho v. Stolberg und v. Wernigerode die
für den Altar der heiligen Cosmi und Damiani in der Klus
der Stolberger Pfarrkirche gemachte Stiftung, zu der u. A.
Heinrich Grimme, Mönch im Kloster Ilfeld, und seine Brüder
1 Mark Jahreszins gegeben hatten. 1436 verglich sich Abt Thilo
zu Ilfeld mit seinem Lehnsmanne Friedrich Fürster zu Wiegersdorf (Wygramsturf) dergestalt um dessen Lehnsgut (Haus,
Hof, Wiesen und Acker) zu Wygramsturf, daß Letzterer dasselbe
an niemanden als an das Kloster Ilfeld verkaufen sollte und
wollte. Dagegen erzeigten ihm Abt und Kloster wegen der Gut-
thaten seiner Eltern gegen das Kloster die Gunst, daß sie ihm
und seinen Erben alle Erbzinsen von dem Gute erließen und
ihm zu seinem Freigute gaben: ihren Teich zu Wygersturf
und ein Stück des Bachlaufes der Bera mit der Fischerei von
seinem Wehre bei dem Eichenberge an bis hinab an den
Rosengarten und die Abtswiese gegen der Langenwand. Es

wurde dabei bemerkt, daß Teich, Wasser und Wiese dem Kloster keinen Nutzen gebracht und ehrbare Mannen (Edelleute) und andere Leute das Gut hätten kaufen wollen. Durch diesen Vertrag habe das Kloster verhüten wollen, daß Fürsters Lehnsgut in andere Hände gelange. Diese Urkunde ist die letzte, in welcher Abt Thilo Becker genannt wird; er ist in der Zeit zwischen 1436 und 1440 gestorben.

14. Die Äbte Wilhelm (v. Olstedt), — Berthold II. (v. Rottleben) und Heinrich II.

Der 14. Abt des Klosters Ilfeld war Wilhelm v. Olstedt. Wilhelm v. Olstedt, Abt zu Ilfeld, war mit dem Abte Herwig v. Gerode Taufpate des am Sonntage nach Martini 1440 geborenen Grafen Heinrichs v. Schwarzburg; er wird urkundlich zuerst 1442 genannt, wo am Sanct Valentinsabend (13. Februar) „Wilhelm von Olstede von Gots Gnaden Apt des Stifts unser lieben Frauen zu Ilefeldt, des Ordens von Premonstrige", auf Ersuchen seiner lieben Getreuen Heinrich Weber und Claus Mysse, Vormunden der Schützen des Flecks Ilfeld, welche Gott und seiner werten Mutter zu Lobe und zu sonderlicher Ehre des heiligen Märtyrers Sebastian eine Brüderschaft und Einung gemacht, die Satzungen der Schützenbruderschaft bestätigte: Wer von den Schützenbrüdern auf Sebastianstag (20. Januar) die Messe ohne „ehrhaftige Not" versäumt, soll der Brüderschaft $\frac{1}{2}$ Pfund Wachs als Strafe geben. Welcher beim Tode eines Schützenbruders seiner Leiche nicht zum Grabe nachfolgt und seiner Seelmesse nicht beiwohnt, soll der Brüderschaft $\frac{1}{4}$ Pfund Wachs geben. Wer bei Versammlungen der Schützenbrüder „Kiff oder Hader" anfängt, soll zur Buße 1 Pfund Wachs geben. Wer aus Ungehorsam der Einladung der Vormunden zu Versammlungen keine Folge leistet, wird mit $\frac{1}{4}$ Wachs gestraft. Welcher Bruder die Vormunden mißhandelt, soll als Buße 1 Pfund Wachs geben. Jeder Schützenbruder soll jährlich 2 Groschen in die Bruderschaftskasse zahlen: 1 Groschen zu Pfingsten und 1 Groschen auf Weihnachten. Bei festlichen Versammlungen und Tanz der Schützenbrüder sollen der Schreiber und der Knecht (der Schützen) des Bezahlens frei sein. Will ein Schütze aus der Bruderschaft austreten, so soll

er das gütlich thun und der Bruderschaft 4 Pfund Wachs
geben. Wer bei erfolgter Wahl der Schützenmeister dawider
spricht, soll 2 Pfund Wachs zur Buße geben. Wer von
den Schützenbrüdern, er sei geistlich oder weltlich, in der
Freiheit oder draußen, sich weigert, ein ihm gepfändetes
Pfand einzulösen, soll 2 Pfund Wachs und außerdem die
verfallene Buße geben. Wenn die Schützen „vor dem Wahle"
sind, soll jeder 7 Pfeile in seinem Köcher haben; wer die
nicht hat, soll geben ¼ Wachs. (Die Wachsbußen wurden
verwendet zu Altarlichtern bei den für die Schützenbruderschaft
gehaltenen Messen und zu den Festen der Bruderschaft.) 1446
bekannte „Wilhelmus von Olstede, Apt des styffts zcu Jlfelt",
daß Meister Ulrich, „Altirmann" des Altars Unserer lieben
Frauen in der Klosterkirche zu Jlfeld, für 12 Nordhäuser Mark erkauft habe auf Wiederkauf 1 Nordhäuser Mark
Jahreszins an dem zu Jlfeld belegenen Hause und Hofe des
Hans Meynicke und seiner ehelichen Wirtin Gertrud. Abt
Wilhelm v. Olstedt wird noch in einer Urkunde von 1450
genannt; wann er gestorben, ist unbekannt.

Sein Nachfolger und 15. Abt des Klosters Jlfeld war
B e r t h o l d   v.   R o t t l e b e n, welcher möglicherweise ein
Sohn oder Enkel des (1389 genannten) Nordhäuser Stadt-
schultheißen Helwig v. Rottleben gewesen ist. Er wird urkundlich nur in 3 Urkunden des Klosters Jlfeld genannt. 1456
am 5. Juni erlaubte Graf Heinrich v. Stolberg und Wernigerode, daß der (1417 vom Grafen Dietrich IX. v. Hohnstein-
Heringen dem Kloster Jlfeld geschenkte) Teich zwischen Woff-
leben und Niedersachswerfen, der bisher durch Wasser aus der
Borge (Zcorgenge) gespeist worden war, fortan seinen Wasser-
zufluß aus der Bera poben dem Dorfe Sachswerfen erhalten
sollte. Diesen Brief gab der Graf dem Abte Ern (Ehrwürden)
Berlbe v. Rottleben zu Jlfeld und bestimmte, daß die Besitzer,
Pfandbesitzer und die Einwohner des Dorfes Sachswerfen das
Kloster an der Zuleitung des Wassers aus der Bera in jenen
Teich nicht hindern sollten. 1456 am 1. August legte zu
Sondershausen Graf Heinrich v. Schwarzburg-Arnstadt-Son-
dershausen mit seinen Räten und Mannen einen zwischen
dem Herrn Abte Ern Berlbe zu Jlfeld und seinem Kloster
und dem gestrengen Hans v. Werterbe (Werthern) zu Thal-
heim (Wasserthalleben bei Greußen) andrerseits ausgebrochenen
Streit über 11 Marktscheffel Getreidejahreszinsen, welche Letz-

terer von den Herren zu Ilfeld wegen der Güter zu Thalheim inne gehabt, dergestalt gütlich bei, daß Hans v. Werterbe wegen dieser Güter dem Abte und Kloster — versessene
(nicht abgelieferte) Gülte oder Zinsen ausgeschlossen — 300
rheinische Gulden über 1 Jahr geben und dafür als Bürgen
seine Brüder (Ern Albrecht v. Werterbe, Propst zu Kloster
Ilm, Ritter Dietrich v. Werterbe und Jorgen v. Werterbe)
verschreiben sollte. Damit sollten beide Teile „aller Irrnisse
und Schelunge enthoben sein." 1456 verkauften „Abt
Bertold, Prior Conrad Lüneborg, Custos Heinrich Grymme
und die Sammung des Klosters Ilveld" zu trefflichem Nutz
und Frommen ihres Klosters dem gestrengen Hans v. Werterbe
das Gut zu Thalheim, welches der alte Hans v. Werterbe,
sein Vater seligen Gedächtnisses, und er selbst vom Kloster
Ilfeld inne gehabt und davon jegliches Jahres 11 Marktscheffel
Getreides zum Zinse gegeben haben, für 300 rheinische Gulden,
so im Lande zu Doringen (Thüringen) gänge, gebe und un-
verschlagen sind, als ein freieigen und erblich Gut. 1457
im Januar war Abt Er Berlbt von Rottleben zu Ilfeld mit
dem Herzoge Wilhelm v. Sachsen und der Gräfin v. Stolberg
(einer geborenen Gräfin v. Schwarzburg) Taufpate des am 31.
Januar 1456 geborenen Grafen Heinrichs v. Schwarzburg.
1457 starb der Ritter Heinrich v. Holbach und wurde in der Ilfelder Klosterkirche begraben; sein Grab wurde mit einem das
Wappen seines Geschlechts (halbierter Schild: vorn ein Hund,
hinten mehrere Querbalken, Helm mit Flug) enthaltenden Grabsteine bedeckt (abgebildet in der Zeitschrift des Harzvereins V,
S. 505). Abt Berthold II. ist 1457 oder 1458 gestorben.

Sein Nachfolger Heinrich II., der 16. Abt des Klosters
Ilfeld, wird sein Amt nur kurze Zeit verwaltet haben; er erscheint nur in einer einzigen Urkunde: 1459 am Mauritius-
tage (22. September) bekannten „Heinrich apt, Johannes Artern prior und ganze sampnunge des closters unsir lieben
frouwen zu Ylevelt, ordens von Premonstrie", daß sie der
Rat der Stadt Nordhausen belehnt habe mit Jahreszinsen aus
Nordhausen, die ihnen an Stelle einer Schuld von 100 rheinischen Gulden, die ihnen der verstorbene Bürger Dietrich
Bobung schuldig gewesen, übergeben worden waren: 58
Schillinge, 10 Groschen, 53 Pfennige, 14 Fastnachts- und 2
Michaelishühner. Abt, Prior und Konvent des Klosters Il-
feld versprachen, dem Rate zu Nordhausen diese Erbzinsen

jährlich verschossen und verrechten und von ihnen alle Pflichten leisten zu wollen, gleich als ob dieselben ein Nordhäuser Bürger besitze. Auch wollten sie dieselben an Niemand verkaufen, da dem Rate seine Gerechtigkeit, Pflicht und Geschoß abginge. Die Belehnung des Klosters Ilfeld mit diesen Erbzinsen durch den Rat der Stadt Nordhausen erfolgte am 28. Juni 1460, nachdem die Kinder Dietrich Bodungs unter Vermittlung des Nordhäuser Domherrn v. Brakel auf dieselben Verzicht geleistet hatten.

Im Kloster Ilfeld müssen unter diesem Abte Heinrich sehr böse Zustände geherrscht haben. Der Schutzherr des Klosters, Graf Heinrich v. Stolberg und Wernigerode, griff ein und veranlaßte eine Reformation des Klosters, wobei anscheinend der Abt Heinrich auf seine Abtswürde Verzicht leisten mußte.

15. Abt Johannes II. (Natalene, Natulene, Natelene).

Als Graf Heinrich v. Stolberg seine Wallfahrt nach dem gelobten Lande antreten wollte, bestellte er sein Haus für den Fall, daß er auf derselben sterben sollte, und errichtete am 21. März 1461 sein Testament, in welchem er u. A. dem Kloster Ilfeld für den Fall seines Todes vermachte ⅛ des Bergwerks am Eichenberge (bei Hermannsacker) und 1000 Schock Groschen (von den 1500 Schock, die er in der Stahlreite hatte); doch sollte das Kloster die Reformation halten. Nach seiner glücklichen Heimkehr (im Oktober 1461) aus dem gelobten Lande, wandte sich Graf Heinrich v. Stolberg an den Papst wegen der Reformation des Klosters Ilfeld. In einer Bulle vom 25. Juni 1463 übertrug Papst Pius II. — auf den Bericht seines geliebten Sohnes, des Grafen Heinrichs v. Stolberg, Herrn zu Wernigerode und Vogts des Klosters Ilfeld, daß in dem von seinen Vorfahren gegründeten und in seinem Gebiete gelegenen, sehr verkommenen Kloster Ilfeld die geistliche Zucht sehr verfallen sei, die Beobachtung der Ordensgesetze unterlassen und beabsichtigt werde, die Klostergüter zu veräußern, — dem Grafen und dem Propste des Klosters Unser lieben Frauen zu Magdeburg unter Zuziehung von 2 Assistenten des Ordens, das Kloster Ilfeld zu visitieren und zu reformieren mit der Befugnis, die Widersetzlichen abzusetzen, zu entfernen oder auch zu excommunicieren. An

Stelle des wahrscheinlich abgesetzten Abtes Heinrich II. wurde
Johannes Natelene (anscheinend ein Auswärtiger) als 17. Abt
des Klosters Ilfeld eingesetzt. 1464 am Martinstage (11.
November) bekannten „Johannes Abt, Heinrich Prior (? der
ehemalige Abt?), Johannes Wulferot und die Sammung des
Stifts Ilevelt", daß der verstorbene Fritze der Jüngere v.
Bila ein ewig Testament und Gedächtnis zum Troste seiner
und seiner Eltern Seele für alle, die aus dem Geschlechte
derer v. Bila verstorben waren, bei ihnen im Kloster mit 4
Jahreszeiten der Vigilien und Seelmessen gestiftet habe mit
105 rheinischen Gulden, „um einen Wiederkauf der versetzten
Ilfelder Klostergüter damit abzukaufen." Mit diesem Gelde
hätten Abt und Konvent wieder zurück gekauft ein Vorwerk
zu Riterode bei Großen Werterbe und 1 Hof und 4 Hufen
zu Heringen. Sollte das Kloster dieses gestiftete ewige Gedächtnis zu 4 Zeiten jeden Jahres nicht halten, so sollten der
gestrenge Heinrich v. Rützleben, die v. Bila oder die Inhaber
dieses Briefes obige Summen wieder heischen dürfen und können.
1470 gab Jan (Johannes) v. Bula dem Kloster Ilfeld zur
Stiftung einer Memorie für sich, seine Frau Mechtild und
seine Familie in demselben einen Jahreszins von 1 Schock
Groschen von 1 Hufe und 1 Hofe (da Hans Friczchen inne
wohnt) im Dorfe Mauderode (Mowerterode) mit der Bedingung,
wenn in zukünftigen Zeiten Friedrich v. Watterode oder seine
Erben das an Jan v. Bula verpfändete Dorf Mowerterode
wieder für 115 Gulden einlösen würden, sollten von dieser
Summe 10 Goldgulden abgezogen und dem Kloster Ilfeld
gegeben werden, um ein anderes Schock Groschen Jahreszins
zu der gestifteten Memorie zu kaufen. Zu dieser Memorien-
stiftung gab Jans Bruder, Hans v. Bulan, seine Zustimmung.
1475 erhielten der Dechant Borcardus Czenge des Domstifts
zu Jechaburg und der zu Bischofferode (bei Woffleben) wohnhafte Hans v. Holbach vom Kloster Ilfeld auf ihre Lebenszeit 6 Acker Weingarten in dem Grolsbache bei Klingen, von
denen sie jährlich dem Abte Johann den dritten Eimer Wein
geben sollten; die Weinbeeren sollten sie in der Kelter des
Klosters Ilfeld zu Clyngen keltern und den Wein teilen.
1475 schenkte Hans v. Holbach dem Kloster Ilfeld einen vom
Nordhäuser Altendorfskloster ausgestellten und durch ihn erworbenen Kaufbrief über „die lyte oder das kelholcz nu genannt und zwischen Bischofferode und Wulferode belegen, sowie

die Niclauswiese zwischen Bischofferode und Appenrode" zu
Troste und Hülfe seiner und seiner Eltern Seele. — Das
Nordhäuser Altendorfskloster hatte 1348 „die Holczlyten und
die Nicolauswiese" an die v. Holbach abgetreten. In der
Holzleite war zwischen 1348 und 1475 der Erbfall „die
Kehle" (jetzt „die Kelle" genannt) entstanden, nach welcher das
Wäldchen „das Kehl- oder Kellholz" genannt worden ist. — 1477
am 30. Mai zu Weimar entschied Herzog Wilhelm v. Sachsen
einen zwischen dem Kloster Ilfeld, welches den Zehnt des
Dorfes Gangloffsömmern für seine Pfarre zu Greußen beanspruchte, und dem S. Katharinenkloster zu Eisenach, welches
diesen Zehnt als Zubehör seiner Pfarre zu Gangloffsömmern
nachwies, entstandenen Streit zu Gunsten des Eisenacher Ka-
tharinenklosters. Bei dem Schiedsspruche war „Ern Conrad
Wonnenburg, als Prokurator und Gehorsamer des Abts Johann v. Ilfeld," gegenwärtig. 1479 belehnten Johannes Abt,
Johannes Artern Prior, Hermann Botticher Unterprior, Hermann Arnswald Custos und die ganze Sammlung der Prämonstratenser zu Ilfeld die ehrsamen und weisen Herren
(Hans Goldsmed und Jonassen) den Rat der Stadt Nord-
hausen und alle ihre Nachkommen mit ihrer vom Nordhäuser
Bürger Gottschalk Wilde erkauften und von der Herrschaft zu Hohn-
stein zu Lehen getragenen Mühle, von welcher der Rat dem
Kloster jährlich 24 Schillinge Pfennige und 40 Pfund Weißbrot
geben sollte. Ferner belehnten sie den Rat mit der halben
Mühle „Elyskethe", welche Reinhard Weißenberg mit 4 Acker
Land als Lehen gehabt, von der der Rat dem Kloster jährlich
$1/2$ Nordhäuser Mark geben sollte. Endlich belehnten sie den
Rat mit einer „die halbe Kutte" genannten Mühlstätte (jetzt
„die Kuttelmühle") an der Salza, von der der Rat dem
Kloster jährlich 1 Gans geben sollte, bis derselbe die Lehen
wieder an das Kloster geben werde. 1480 übergaben Jo-
hannes Abt, Hermann Bötger Prior, Johannes Wildemann
Unterprior und der Konvent des Klosters Ilfeld auf fleißige,
bei seinen Lebzeiten gethane Bitte des verstorbenen Hans v.
Holbach die von diesem als Zinsgut des Klosters besessene
Nikolauswiese seiner Frau Meczen (Mechtilden) auf deren
Lebenszeit. Nach ihrem Tode sollte die Wiese an das Kloster
Ilfeld zurückfallen. 1481 genehmigte „Johannes apt zcu
Ylueld", daß der gestrenge Friedrich v. Watterode der Kloster-
jungfrau Katharina Smedes im Nordhäuser Altendorfskloster

für 15 Schock Nordhäuser Groschen einen Jahreszins von 1 Schock Groschen an 2 Hufen und 1 Wiese zu Mauderode (Marwerberode), Lehen des Klosters Ilfeld, verkaufen durfte. 1481 genehmigte Abt Johannes v. Ilfeld als Lehnsherr, daß der zu Wygramsdorf wohnhafte Heinrich Forster ½ zu seinem Settelhofe zu Wygramsdorf gehörige Hufe für 10 rheinische Gulden an den Stolberger Bürger Hans Ramme verpfänden durfte.

1482 am 5. März meldeten dem Abte Hubert zu Premonstrat, als General des Ordens, und den Visitatoren desselben: dem Propste Andreas (früher im Kloster Gottesgnaden bei Kalbe a. d. Saale) zu S. Marien in Magdeburg und dem Propste des Klosters S. Wiperti zu Queblinburg: Johannes Natalena einst Abt, Hermann Arnswalt Prior, Johannes Wilbemann Subprior, Friedrich Salveldt Senior, Henning Immetal, Conrad Wunneburg, Albert Peper, Hermann Heringen, Hermann Bobbeker, Johannes Stalberg, Martin Reyneke, Caspar Schönfelt, Heinrich Wimar, Augustin Gruber, Johannes Nuwenmarckt, Christian Rymann, Theodor Rastenberg, Jacob Magben, Caspar Glesener, Nicolaus Stoler, Valentin Rasche, Busso Ebschenrod, Nicolaus Hane, Nicolaus Czikel und Johannes Manhart, Brüder des Konvents im Kloster Ilfeld, daß sie nach Resignation des bisherigen Abts Johannes versammelt gewesen zur Wahl eines neuen Abtes und nach Beobachtung aller vorgeschriebenen Formalitäten einige aus ihrer Mitte mit der Sammlung der Stimmen beauftragt hätten, worauf einstimmig der Propst Bernhard des reformierten Klosters S. Wiperti zu Queblinburg zum (18.) Abte postuliert worden sei. Sie baten um die Bestätigung der Wahl, wie sie auch die Zustimmung der Äbtissin zu Queblinburg zu erlangen hofften.

16. Abt Bernhard I. (Schubuß).

Am 20. Mai 1483 wurde eine Sühne der Gebrechen (Streitsachen, die nicht näher bezeichnet werden) zwischen denen von Ilfeld und Hans Dresseler geschlossen, wobei gegenwärtig waren „unser herre (der Abt Bernhard) von Plevelt, der Junker Caspar von Coswide, der Prokurator Johannes Nuwenmart, Hermann Bötcher, Johannes Fischer, Bruder Valen-

tin (Mönche des Klosters Ilfeld) und des Flecks Ylevelt Vormunden von der ganzen Gemeine wegen: Claus Schroter,
Claus Große und Simon Kunne. 1483 verkauften die Gebrüder Heinrich und Heinrich Forstere zu Wygramstorff wiederkäuflich dem Kloster Ilfeld für 350 rheinische Gulden die
1 Hufe große, zwischen der „Ohegemeine" und der Bera belegene, vom Kloster Ilfeld als Lehen besessene „große Wiese"
mit Holz- und Weidenbäumen, doch nicht mit den auf der
andern Seite der Bera stehenden Ellerbäumen, wobei Zeugen
waren: der gestrenge und ehrsame Heinrich Ubera, Voigt zu
Hohnstein, Hans v. Blicherode zur Newstat und der Stolberger Bürger Hans Ramme. 1486 bekannte Graf Heinrich
v. Stolberg und Wernigerode, daß ihm „Er Bernhard, Abt
seines Klosters Ilbevelt," mit Wissen und Willen des ganzen
Kapitels etliche Stämme Eichenholz aus der Klosters Gehölze
Weidenthal zur Notdurft seines Bergwerkes am Eichenberge
(bei Hermannsacker) auf seine Bitte gegeben hatte, wofür er
sehr dankte. Graf Heinrich erklärte, das solle des Klosters
Gerechtigkeit nicht beschweren und daraus keine Pflicht ent-
stehen. 1486 übergab zu Nordhausen Frau Metze, Balthasars v. Harz Ehefrau, aus freiem Willen und wohlbedacht
dem Professen des Kloster Ilfeld Nicolaus Stuler als Geschenk
unter Lebendigen alle die Ansprüche und Forderungen, welche
sie an dem Nachlasse ihres verstorbenen Bruders Johann v.
Schierstedt hatte oder erheben konnte, mit der Vollmacht, über
das Erworbene ganz nach freiem Willen zu verfügen. 1487
am 10. April stellte Graf Heinrich v. Stolberg und Wernigerode seinem lieben Andächtigen, Abte Bernhard v. Ilfeld, der
auf Erfordern seines Ordens zum Ordenskapitel nach Pre-
montre in Frankreich ziehen und dort einige Klöster besuchen
wollte, einen offenen Brief zu Schutz und freiem Geleite aus
mit der Bitte, ihm, seinem Herrn Prälaten, dessen Kloster Ilfeld in seiner Vogtei und Herrschaft belegen sei, alle Förderung
und Gunst angedeihen zu lassen. 1487 am 24. Juli in opido
imperiali Northusen übertrugen vor Notar und Zeugen
Heinrich und Heinrich Förster alle ihre Forderungen (wegen
des Verkaufs einer Wiese in der Ohe, der Abtswiese unter
der langen Wand und eines Fischteiches zu Wigerstorf und
das Recht an 1 Hause zu Heringen) gegen das Kloster Ilfeld
ihrem Blutsverwandten, dem Sebastian Schroter zu Herbsleben.
1488 bekannte Hans von Werther zu Thalheim (Wasserthal-

thalleben), daß seine Eltern und er vom ehrwürdigen Herrn in Gott Vater Bernhard, Abte zu Ylvelt, und seinem Kloster zu rechtem Mannlehen habe 2 Hufen zu Thalheim, 2 Hufen zu Klingen, 1 Weingarten zu Gruzen und 1 Hufe zu Veltengel. 1488 am 5. November ließ Graf Günther der Ältere v. Schwarzburg-Arnstadt-Sondershausen durch seine Räte Irrungen zwischen dem Abte v. Ilfeld und den Einwohnern zu Honebra dahin beilegen, daß die Männer, welche 4 Hufen Korngeld-Land vom Abte hatten, 1 Getreide-fuhre jährlich nach Ilfeld thun sollten, und wer weniger oder mehr hatte, sollte solche im Verhältnis verrichten; die Heu-fuhren sollten die Hohenebraer auf der Herren v. Ilfeld Bitte thun, wie Herkommen sei, und nicht geweigert werden. Der Ochse und Eber sollten auf dem Klosterhofe des Klosters Il-feld zu Hohenebra auch für das Vieh der Dorfbewohner ge-halten und nicht verweigert werden. Nach althergebrachtem Herkommen sollte der Hofmann auf dem Ilfelder Klosterhofe zu Hohenebra vom Geschoß frei sein und bleiben. 1488 am Freitage Mariä Opfer (21. November) starb der Pfarrer Magister D. Ulrich Ryspach zu Stolberg, welcher am Sonnabend danach mit Vigilien und Seelmessen durch den Abt v. Ilfeld und den Abt v. Oldisleben „mit großer Ehrlichkeit" zur Erden bestattet wurde in Gegenwart der ganzen Gemeinde. 1489 stifteten die Schwarzburger Grafenbrüder Heinrich, Dompropst zu Hildesheim, und Heinrich der Jüngere (Domherr zu Straß-burg und Cöln) zwischen dem Abte Bernhardus v. Ilfeld und Heinrich Schreibern (in Vollmacht seiner Vettern) einen Ver-gleich, nach welchem der Abt am Tage nach Weihnachten 100 Gulden zu Nordhausen dem Rate auf dem Rathause übergeben, Schreiber aber dem Abte einen (Schuld-)Brief über 150 Gulden zurück geben sollte. Der 53 Jahre alte Brief über das Gut zu Wygramstorf (siehe oben zum Jahre 1436!) sollte ungültig sein und dem Abte zurückgegeben werden. Heinrich Schreiber sollte der Güter vollkommen mächtig sein, sie zu verkaufen. Der Abt sollte das Vorkaufsrecht haben, so er das beanspruche. Wollte derselbe das Vorkaufsrecht nicht ausüben, so sollte das Gut an einen Andern verkauft werden dürfen. Nach Vollzug des Kaufes sollte das dem Abte verkündigt werden und dieser dem neuen Käufer die Lehen nicht weigern. 1489 ertauschten Graf Heinrich der Ältere v. Stolberg und Wernigerode und seine Söhne Heinrich und Botho vom Abte Bernhardo v. Ilfeld und von den geistlichen Priestern Michael v. Breffel Prior, Friedrich v. Salvelt Senior und vom Konvente des Klosters Ilfeld 1 Hufe zu Hußrebeningen (Oberröblingen bei Sangerhausen), welche das Kloster von den verstorbenen Rittern Gopel und Hans v. Bula als Seelgerät erhalten und Hans vom Borne zu Oberröblingen vom Kloster um einen Jahreszins von 5 Marktscheffeln Weizen und 1 Mſch. Gerste gehabt hatte. Dagegen erhielt das Kloster von den Stolberger Grafen 4 Marktscheffel Getreide = Jahreszinsen (2 Mſch. Weizen und 2 Mſch. Roggen) von 1 Hofe und 1 Hufe zu Görsbach (Gerspich), die Hans Henneberg besaß, und ½ Mſch. Roggen und ½ Mſch. Gerste von 1 Hufe daselbst, die Hans Herbothe besaß. 1490 am Sonntage Exaudi und Montags und Dienstags danach wurde zu Stolberg der neuerbaute Chor mit dem Hochaltare und den andern Altären durch den Mainzer Weihbischof geweiht, wozu Graf Heinrich v. Stolberg die Äbte von Gerode, Oldisleben, Ilsenburg und Ilfeld eingeladen hatte. Die 4 Äbte folgten der Einladung und „ministrierten persönlich in ihren Infuln" (Abtshüten) und in ihrer Abtstracht bei dem feierlichen Weiheakte. 1492 ließ Abt Heinrich v. Wallenried (wahrscheinlich auf Ersuchen des Abts v. Ilfeld) den 70 Jahre alten, glaubhaften Heyne Papen vorladen und durch einen Notar eidlich vernehmen über die Gebühr, Gerechtigkeit und Zubehörung der im Dorfe Salza belegenen Mühle, die er und sein verstorbener Vater vom Kloster Ilfeld gehabt hatten, wobei gegenwärtig waren Er Hartung Libers und Br. Deinhardts, des Abts v. Ilfeld „Gehorsame". 1493 entschied der Ritter Heinrich v. Harras einen Streit zwischen dem Abte Bernhardus zu Ilbevelt und dem Martin v. Bendeleben dahin, daß Martin v. Bendeleben und seine Nachkommen dem Kloster Ilfeld jährlich zu Michaelis von dem Walde „Schönleite" ½ Nordhäuser Mark Zins reichen sollten. 1494 bezeugte Valentinus Rasche, Bruder des Konvents zu Ilfeld, durch Urlaub des Vaters Bernhardus Schubuß, Abt des Prämonstratenserklosters Ilfeld, daß Claus Schulers zu Frömmstedt an die Vikare des Nordhäuser Domstifts S. Crucis für 12 Gulden einen Jahreszins von 1 Gulden verkauft hatte. 1494 ersuchte die Gräfin Elisabeth (geb. v. Würtemberg) v. Stolberg und Wernigerobe ihren Herrn und Freund, Abt Bernhard v. Ilfeld, er möge die ihm gehörige, durch Abgang des bisherigen Inhabers erledigte Pfarrstelle zu Appenrode um Gottes willen ihrem bis-

herigen Diener verleihen, der dann sich orbinieren zu lassen
gesonnen sei. 1495 am 25. Mai stellte im Kloster Ilfeld der
Mainzer Weihbischof Georg v. Bersaba eine Urkunde aus, in
welcher er erzählt, daß er an demselben Tage in der dem
Kloster Ilfeld gehörigen Pfarrkirche S. Jacobi zu Appenrode
einen Altar zu Ehren des Leichnams Christi, sowie der Gottes-
mutter Maria und der Heiligen Laurentii, Georgii, Martini
und Wolfgangi geweiht und mit 40 Tagen Ablaß für alle
andächtigen Besucher der Kirche an den Tagen der Kirchweih
und ihrer Patrone begnadet habe. Augenscheinlich hatte sich
der Weihbischof nach dem Weiheakte mit dem Patrone der
Appenröder Kirche, dem Abte Bernhard v. Ilfeld, nach dem
Kloster Ilfeld begeben, wo er dann nach einem Festmahle die
Weihe urkundlich verbriefte. 1495 war Abt Bernhard v. Ilfeld Taufpate der in diesem Jahre geborenen Gräfin Ottilie
v. Schwarzburg. 1495 verkauften Abt Bernhard, Prior Johann Mildemann, Unterprior Johann Schumann, Prokurator
Theodor Rastenberg und die Samnung des Klosters Ilfeld
für 45 rheinische Gulden dem ehrsamen und bescheidenen
Manne Claus Ratshayn und seiner Frau Adelheid 2 Nordhäuser Marktscheffel (Weizen und Roggen) Jahreszins zu
Martini auf Lebenszeit; nach ihrem Tode sollten die 2 Marktscheffel wieder an das Kloster fallen und zu ihrer Memorie
und zum Troste ihrer Seelen und zum Besten des Klosters
verwendet werden. Am 7. März 1497 erborgte die Gräfin
Elisabeth von Stolberg und Wernigerode vom Abte Bernhard
und vom Konvente des Klosters Ilfeld 50 Gulden, welche sie
zu Johannis zurückzuzahlen versprach. Am 15. März 1497
erborgte dieselbe Gräfin Elisabeth vom Abte Bernhard, vom
Prior Johann und vom ganzen Konvente des Klosters Ilfeld
150 Gulden, 13 Marktscheffel Roggen nnd 6 Scheffel Hafer,
welche sie zu ihrem eigenen Nutzen verwendet hatte, und versprach, Alles am Katharinentage (25. Novbr.) zurückzugeben.
Nachdem wegen drückender Schulden der Grafen v. Stolberg
unter dem Beirate Herzog Heinrichs des Älteren v. Braunschweig-
Lüneburg und des Grafen Volrabs v. Mansfeld am 31. Dezember 1497 Graf Heinrichs und der Gräfin Elisabeth ältester
Sohn, Heinrich der Jüngere v. Stolberg, die Regierung auf
3 Jahre übernommen hatte, schlossen am 12. Februar Graf
Heinrich der Ältere v. Stolberg und sein Sohn Graf Heinrich der Jüngere mit dem Abte Bernhard, dem Prior Milbe-

mann und dem Kloster Ilfeld in Gegenwart der Gräfin
Elisabeth (geb. v. Würtemberg und „Mympelgarth"), Graf
Heinrichs des Ältern Gemahlin und Graf Heinrichs des
Jüngeren Mutter, und der gräflichen Räte und Getreuen (des
Pfarrers Webego Louch zu Stolberg, des Marschalls Heinrich
Knuth, des Claus v. Arnswald, des Hans v. Sundhausen,
des Hans v. Blicherode und des Andreas Stubich) einen
Vertrag: Graf Heinrich der Ältere wollte wegen seines Alters
und seiner Schwachheit und wegen der Lage der Herrschaft
vom Montage nach Invocavit an 1 Jahr lang in das Kloster
Ilfeld ziehen. Der Herr Abt sollte ihn mit 3 Dienern mit
Kost und Trank dergestalt versorgen, daß er ihm an gemeinen
Tagen morgens und abends 6, au Fasteltagen und Heiligen-
tagen 7 Gerichte und dazu für des Grafen Person Wein und
Northeimer Bier reichen lasse. Dagegen sollte das Kloster
200 rheinische Gulden (50 sofort, 50 auf Petri-Pauli, 50
auf Michaelis und 50 zu Neujahr) erhalten. (Nach den
Quittungen des Ilfelder Bruders Johann Zimmermann
(? Schumann), und des Ilfelder Procurators Dietrich v. Rasten-
berg sind dem Kloster Ilfeld aus der gräflichen Rentei zu
Stolberg 225 Gulden 5 Groschen für den Zeitraum von
Walpurgis 1498 bis dahin 1499 gezahlt worden.) Am
11. Dezember 1499 erklärte Graf Heinrich der Ältere v. Stol-
berg, daß er das Regiment seinen beiden Söhnen Heinrich und
Botho auf 4 Jahre übergeben wolle. Nachdem er sich eine
Zeit lang beim Abte v. Ilfeld aufgehalten und hier von seinen
Söhnen versorgt worden sei, wünschte er in derselben Weise
auch fernerhin seinen Unterhalt zu empfangen. Doch sollte es
in seinen Belieben stehen, wieder in Stolberg auf dem gräf-
lichen Schlosse Wohnung zu nehmen. Graf Heinrich der
Ältere v. Stolberg scheint bald nach diesem Termine das
Kloster Ilfeld verlassen und seinen Aufenthalt wieder auf seinem
Stammschlosse Stolberg genommen zu haben. 1500 am
14. April erklärten „Abt Bernhardus, Prior Johannes Milbe-
mann, Unterprior Theodoricus Rastenbergt, Prokurator Johannes
Schumann und der Konvent des Prämonstratenser-Klosters
Unserer lieben Frau zu Jlvelt", daß sie — weil Frau Brigitte geborne Gräfin v. Stolberg und Wernigerode, Edele Frau
v. Querfurt und Witwe, ihnen zu ehrlicher und löblicher Zierde
ihres Gotteshauses einen guldenen Sammtrock für 100 rheinische
Gulden verkauft hatte, der viel höher an Werte geschätzt wor-

ben, — alle Jahr zweimal (auf Ägidientag und in den ersten
10 Tagen) eine ewige Memorie mit Vigilien, Seelmessen und
andern göttlichen Ämtern ehrlich und andächtig in ihrem Koster
begehen wollten für alle, die aus den Geschlechtern v. Stolberg und v. Querfurt verstorben sind, und sonderlich auch zum
Troste und Heile ihrer (der Frau Brigitte) und ihres verstorbenen Mannes, des Edelherrn Brunos des Jüngeren
v. Querfurt, Seele. 1500 am 4. Oktober schrieben die Grafen
Heinrich v. Schwarzburg und Botho v. Stolberg (als Gemein-
schaftsbesitzer des Amtes Heringen) an den Abt Bernhard v.
Ilfeld und ersuchten ihn, ihren Diener Scheffer zu Hamme,
den er wegen Eingriffe in des Klosters Freiheit (Freigut) zu
Auleben mit geistlicher Forderung angegriffen, nicht weiter zu
belästigen, weil sie (die Grafen) mit ihren Räten auf einer Zu-
sammenkunft zu Heringen jenen mit einer Strafe belegt hätten.
Der Abt Bernhard antwortete am 8. Oktober, er habe Schadenersatz gegen Scheffer wegen des weggenommenen Hammels
verhängt, um die Freiheit seines Klosters aufrecht zu erhalten.
1502 am 6. Dezember zu Erfurt verlieh der päpstliche Legat
und Karbinal, Bischof Raymund v. Gurk, dem Kloster Ilfeld
einen Ablaßbrief über 100 Tage Ablaß und bestätigte (am
21. Dezember) nachträglich die im Kloster Ilfeld vorgenommene
Zusammenlegung und Vereinigung von Benefizien. Über die
Zeit des Todes des Abts Bernhard I. v. Ilfeld ist keine Nachricht auf uns gekommen. Sein Nachfolger und 19. Abt wurde
Johann Schumann aus Neumark (bei Buttelstedt in Thüringen).

17. Abt Johann III. (Schumann aus Neumark).

Er war schon 1482 ein Glied des Ilfelder Klosterkon-
vents (Johannes Nuwenmark); 1483 war Johannes Nuwenmark
Prokurator (Verwalter des Klosters), 1495 war Johann Schumann Unterprior, 1500 war Schumann Prokurator. Die
erste Urkunde, in welcher er als Abt genannt wird, ist vom
23. Februar 1507. An diesem Tage erschien im Hofe des
Abts Johann v. Ilfeld zu Nordhausen im Beisein des Ilfelder
Klosterpensionärs Andresens v. Trota die tugendsame Elisabeth,
Witwe (des Nordhäuser Bürgers?) Hans Klepphels, mit red-
licher voller Vernunft, gutem Vorsatze und freiem Willen und
erklärte, daß sie Gott dem Allmächtigen zu Lobe, der heiligen

und keuschen Gottes-Mutter und -Gebärerin Maria zu Ehren,
ihrer Seelen Seligkeit zu Troste und damit auch Gottes Dienst
gemehrt werde, sich und alle ihre Güter, beweglich und unbe-
weglich, auch Gülten (Zinsen) und Schulden, dem Kloster Ilfeld
unter Vorbehalt des Nießbrauchs für ihre Lebenszeit übergeben habe. Sie sollte in den Ilfelder Klosterhof zu Nordhausen als dessen Schwester und Bruder ziehen, eine volle
Pfründe, Leibes Nahrung und Notdurft und nach ihrem Tode
volle Gemeinschaft der guten Werke des Klosters genießen.
Elisabeth erklärte dieses für ihr Testament und letzten Willen
und setzte das Kloster Ilfeld zu ihrem rechten Erben ein.
Am 16. März desselben Jahres schlossen Abt Johannes, Prior
Johannes Mildemann und der Konvent des Klosters Ilfeld
einen ähnlichen Erbvertrag mit Claus Ratshayn und dessen
Frau Adelheid ab. Diese gaben dem Kloster einen Hauptbrief
über 20 Gulden Hauptgeldes (Kapital) und 1 Marktscheffel
Roggen Jahreszins an Gütern zu Steynbrucken, dazu ihr Erbe
zum Bettelershayn mit Zubehör, doch also, daß sie das Holz,
so darauf erwachsen, noch einmal in diesem Jahre mochten
abhauen und nutzen, und all ihr Vieh. Claus Ratshayn und
seine Hausfrau Adelheid sollten, so lange sie dazu vermogelich
wären, des Klosters Viehhof zu Ilfeld bewohnen, versorgen und
verwesen. Wenn sie das durch Alter oder Leibesschwachheit
nicht mehr thun könnten, wollte sie das Kloster in eine Kammer im Spital und in das Haus an der Mauer nehmen und
mit aller Notdurft an Essen und Trinken gleich den Brüdern
im „Rebenthier" (Refectorium) speisen, auch ihnen jährlich
einen guten Rock und Schuhe nach Bedarf geben. Nach ihrem
Tode sollten alle ihre hinterlassenen Güter dem Kloster eigen
sein zu Troste und Hülfe ihrer, ihrer Eltern und Freunde und
aller Gläubigen Seelen. Den Erbvertrag des Claus Ratshayn und seiner Frau Adelheid untersiegelte der ehrbare und
veste Heynrich v. Koßwycze. An diesem Bruder Claus machte
jedoch das Kloster Ilfeld üble Erfahrungen. Schon am 12. März
1509 mußte Claus Rotißhayn bekennen, er habe ohne Ursachen
etliche Verwahrlosung und mutwillige Übung gegen den Herrn
Abt Johann, dessen Stift zu Ilfeld und auch gegen die Einwohner des Dorfs daselbst vorgenommen, wodurch er wider
des Klosters Freiheit und Privilegien und auch wider seinen
mit dem Kloster geschlossenen Vertrag gröblich gehandelt habe.
Deswegen sei er in der Herren Grafen Heinrichs und Bothos

v. Stolberg und Wernigerode Haft und Züchtigung gekommen, jetzt aber auf Fürbitte seiner guten Freunde zu Bürgenhanden (gegen Bürgschaft) freigegeben. An diesem Tage habe er dem Abte v. Ilfeld mit aufgebotenen Fingern zu Gott und den Heiligen geschworen, geredt und gelobt, solch Gefängnis nicht an seinem Stifte, seinen Unterthanen und auch nicht an den Grafen v. Stolberg rächen, vor fremden Gerichten keine Klagen anstellen, die hiervor vor solchen angestellten Klagen aber zurücknehmen und die dadurch entstandenen Kosten erstatten zu wollen. Er versprach weiter, den mit dem Kloster vor 2 Jahren aufgerichteten Vertrag halten und alles das thun und vornehmen zu wollen, was einem frommen, gehorsamen und begebenen (ins Kloster getretenen) Bruder zu thun zusteht, ziemet und gebührt. Zu Bürgen dieser seiner Urfehde setzte er seine guten Freunde Hans Dorffmann und Heine Erich zu Osterode, Kerstan Smedt, Hans Fuß, Curdt Engelbrecht und Claus Worbis zu Wigersdorff, Hans Hesse, Helmold Myl zu (Nieder-) Sachswerffen, Andres Kindervatter, Claus Helwigt, Simon Kone, Hans Schonemann und Hans Henninges (zu Ilfeld). Den Urfehdebrief ließ er von dem ehrbarn und vhesten Andres v. Troten (Klosterpensionär) zu Ilfeld und vom Amtmann Dietrich v. Wulferode zu Honstein besiegeln. 1509 (28. Septbr.) erlaubten Abt Johannes, Prior Johannes, Subprior Johannes und ganze Sammlung des Klosters Ilfeld als Lehnsherrn, daß Frau Lucke (Luckardis), Witwe Bethmanns v. Tütcherode, und ihre Söhne, die Gebrüder Dietrich, Curd, Hans Balzer und Caspar v. Tütcherode, das ihnen auf ihre Lebenszeit verschriebene, dem Kloster Ilfeld gehörige Haus und Hof auf S. Petersberge zu Nordhausen für 50 Gulden verkaufen durften an die edle und wohlgeborne Frau Brigitta, geborene Gräfin v. Stolberg und verwitwete Edelfrau v. Querfurt, zu ihrer Gnade Leibe und Lebtage. Nach ihrem Tode sollten alle und jegliche bewegliche Güter der Gräfin durch ihre Erben oder Testamentsvollstrecker wieder aus dem Hause geführt werden dürfen, nicht aber, was erb- und nagelfest. Für die an dem Hause durch die Gräfin Brigitta vorgenommene Besserung versprach ihr das Kloster, ein Jahrgedächtnis halten zu wollen. Nach dem Tode derselben sollten die v. Tütcherode das Haus wieder einnehmen, wenn ihrer noch lebten. Sollte ihrer keins mehr leben, sollte das Haus an das Kloster heimfallen. 1511 am 13. August morgens „umb neun schlege des seygers" wurde

im Hause der ehrbaren und züchtigen Frau Metzen (Mechtild)
v. Holbach, welche schwachen Leibes, doch vollständiger Vernunft war, im Beisein des ehrbaren und vesten Andreas v.
Trotte ein Vertrag geschlossen, nach welchem dieselbe aus freiem
Gemüte im Beisein ihres Vetters Curd v. Schyrstede sich für
ihre Lebtage in das Kloster Ilfeld mit ihren Gütern gab:
100 Gulden (von denen ihr das Kloster jährlich 5 Gulden
Zinsen geben sollte), alle ihre Leibzucht an Zinsen, Getreidezinsen, Wiesen, Holz, Teichen und Fischereien in den Herrschaften Stolberg und Hohnstein, den Zehnt zu Aschersleben
(von solchen ihrer Leibgütern ihr das Kloster jährlich reichen
sollte 10 rheinische Gulden), 2 melkende und 2 gelte Kühe
und Alles, was nach ihrem Tode bei ihr gefunden werde.
Dagegen sollte das Kloster sie versorgen mit einer Behausung
und aller Notdurft, gleich der Stiftsherren einen im Kloster,
auch mit Feuerwerk und 2 Dienstmägden. Nach ihrem Tode
sollte das Kloster ihr und ihren Vorfahren das erste Begängnis
(Leichenfeier) halten mit dem dreißigsten (Tage, an welchem abermals eine Leichenfeier gehalten wurde); auch so oft und viel
man für Brüder und Schwestern und Wohlthäter des Klosters
gedenkt, sollte und wollte man ihrer gedenken (im Gebet und
Gottesdienste). Dagegen gab sie dem Kloster noch 40 Gulden,
ihre von Balthasar vom Harz herrührende Morgengabe,
sowie auch die ihr von diesem versprochene Leibzucht (Wittwengut).

1511 am 19. September bestattete der ehrwürdige Vater
Abt Johannes v. Ilfeld seinen Schutzherrn, Graf Heinrich den
Älteren v. Stolberg und Wernigerode, welcher 1489—99
in seinem Kloster als Pensionär gelebt hatte und am 17. Septbr.
1511 gestorben war, „ehrlich zu der Erden" (in der Pfarrkirche St. Martini zu Stolberg). 1512 am 5. Oktober verkauften Abt Johannes, Prior Christophorus Karll, Subprior
Johannes Mildemann und der Konvent des Klosters Ilfeld
dem gestrengen Hans v. Sunthusen für 55 rheinische Gulden
ihr Recht an dem von Hans Becker zu Sundhausen innehabenden Gute, genannt „der Herren Vorwerk oder derer v.
Watterode Freigut". 1515 am 13. April erlaubte Abt Johannes v. Ilfeld als Lehnsherr, daß Hans Wüstehoff zu
Hessenrode für 8 Gulden an den Vikar des Altars S. Johannis in der Nordhäuser S. Nicolaikirche, Licenciaten Johann
Siffarth, einen Jahreszins von 6 Scheffel Roggen von seiner

Ilfelder Lehnshufe verkaufen durfte. 1515 am 30. Juli bekannten Abt Johann, Prior Christofferus Karhl, Unterprior Johannes Krugk, Senior Johannes Mildemann und der Konvent des Klosters und Stifts zu Ilfeld, daß der gestrenge und vheste Andres v. Trotta, ihr lieber Mitbruder, seiner und aller seines Geschlechts Seelen zu Troste und Hülfe einen Jahreszins von 2 Norbhäuser Marktscheffeln Hafer, so er von Heinrichs von der Werna zu Großen Wechsungen belegenem, von Hans Blibungk bewohnten, vom Kloster Ilfeld zu Lehen gehenden Freigute für 31 Gulden verkauft hatte, ihrem Kloster geopfert habe, damit die Klosterbrüder die 100 Lichter, welche in der heiligen Christnacht zu Weihnachten in der Ilfelder Klosterkirche pflegten zu brennen, hinfort auch während der Hochmesse, und das auf der vor dem S. Michaelisaltare stehenden Säule befindliche Licht hinfort auch zu der ersten Vesper und bei der Frühmesse an den 7 Marienfesten brennen lassen sollten. 1515 bekannten die Gebrüder Dietrich, Curd, Hans Balthazar und Caspar v. Tütcherode, daß Abt Johannes v. Ilfeld sie belehnt habe mit 2 Hufen und Zubehör zu Usterungen, und versprachen, sie wollten deshalb des Klosters getreue Mannen sein, dessen Schaden wenden und Nutz werben und bei Lehnsfällen nach Lehensrecht-Herkommen und -Gewohnheit rechte Folge thun. 1515 genehmigte Graf Ernst v. Hohnstein-Lohra-Klettenberg als regierender Herr und in Vollmacht seines Brudes, des Grafen Heinrichs, daß vor ihm der ehrbare Ernst Kahrll, sein lieber Getreuer, mit Erlaubnis Apel Karls zu Grunbach (Grumbach bei Langensalza) für 94 Gulden und 12 Schneeberger, die er dem andächtigen Ern Christoffel Karll, seinem Bruder, begebenen Person des Klosters Ilfeld, als väterliches Erbe zu zahlen schuldig war, auf Wiederverkauf verkaufen durfte 3½ Marktscheffel Roggen auf Michaelis zu reichenden Jahreszins von seinem gräflich hohnsteinischen Lehens- und freiem Rittergute zu Niedern Gebra, so damals Hans Wygandt inne hatte und bewirtschaftete. 1519 wurde durch Gesandte des Herzogs Philipp v. Braunschweig und des Grafen Botho v. Stolberg am 11. März im Dorfe Scharzfeld die feindlichen Sachen zwischen dem Abte Johann und seinem Stifte Ilfeld einer- und dem Mordbrenner Claus Vegkel anderseits in Güte dahin gehandelt: 1) wegen Todschlags eines Unterthanen des Stifts Ilfeld war Claus Vegkel zu Gottes Erkenntnis und Hulde erbötig, da er unschuldig sei, indem der Kuhhirt Paul jenen Stiftsunterthan in seinen Armen erschlagen habe, da er ihn habe verhaften wollen. Claus Vegkel sollte seinem Erbieten nach die Sache beichten und thun, was ihm sein Beichtvater dafür auferlege. 2) Alle Schäden, die Vegkel dem Kloster Ilseld mit Verbrennung des Heues, mit Pferdenehmen u. a. zugefügt, sollte er nach Erkenntnis des Herzogs und des Grafen ersetzen, auch den Abt deshalb um Verzeihung bitten. Nachdem der Abt ihm um Gottes willen vergeben, nahm der Stolberger Vogt Hans v. Minnigerode der Jüngere im Auftrage Graf Bothos den Claus Vegkel wieder zu Gnaden an, doch mit dem Bescheide, daß er ohne besondere Erlaubnis des Grafen in den Grafschaften Stolberg und Wernigerode nicht wohnen oder wandern dürfe. Habe er dazu vom Grafen Erlaubnis erhalten, sollten Abt und Stift damit zufrieden sein. Claus Vegkel sollte dagegen versprechen und geloben, keinen Unfug oder Schaden anzurichten; dafür sollte seinen Helfern auch keine weitere Verfolgung zu teil werden. Gegen die Ausweisung legte Claus Vegkel sofort Widerspruch ein und forderte den Abt v. Ilseld auf, da seine Leute den Streit begonnen und veranlaßt hätten, wie er beweisen könne, möge er ihn bei Graf Botho einen gnädigen Herrn machen (möge Fürbitte für ihn einlegen), damit er in dessem Gebiete bleiben dürfe. Letzteres wird denn wohl auch geschehen sein. — 1519 am 12. April gelobten die Gebrüder Hans und Andreas v. Trotta zu Seeburg (bei Eisleben), nachdem ihr Vetter Andreas v. Trotta verstorben und Abt Johannes v. Ilseld als Testamentsvollstrecker desselben ihnen dessen hinterlassene Barschaft und Zinsbriefe ausgeantwortet, daß sie den Abt schadlos halten wollten, falls derselbe von ihren Vettern oder Muhmen (Elisabeth v. Behmen und Margarethe Steubin) deshalb angefordert werden sollte. Abt Johannes III. (Schumann oder Neumark) starb am 6. Februar (in nocte Vedasti et Amandi) 1520. Er hat die Klosterbrauerei, die Klostermühle, den Keller im Klostergute, den neuen Kornspeicher, die neue Abtei, den Keller unter dem Kornhause, die Siechenkapelle und die Siechenstube erbaut, die Kirchentafeln (Gemälde?) fast alle erneuern und wieder herstellen lassen, den silbernen Abtsstab mit dem silbernen Weihrauchbecken und mit 2 silbernen Ampeln, silberne und goldene Ringe anfertigen lassen, die auf Wiederkauf verkauften Klosterzinsen wieder zurückerkauft und neue Zinsen erworben. Seine Verwaltung ist demnach eine recht gute und für das Kloster Ilfeld ersprießliche gewesen.

Sein Grabstein (aus Porphyr) steht jetzt in der neuen Fleckenkirche hinter dem Altare und zeigt in ganzer Figur den Abt mit dem Abtsstabe. Die übelerhaltene Umschrift in gothischen Minuskeln lautet: „Ano dni. M.cccc.xx. die. vm. Mensis. februarii. obiit. venerab· p. johannes. nuwmart. xx°. abbas. h'. cenobii. c'. aia. r.‟ (Im Jahre des Herrn 1520 am 8. Tage des Monats Februar starb der ehrwürdige Vater Johannes Nuwenmart, der 20. Abt dieses Klosters, dessen Seele ruhe — in Frieden —.)

18. Abt Christoph (Karl).

An Stelle des Abts Johann III. wurde als 20. Abt des Klosters Ilfeld der bisherige Prior Christoph Karl, ein Sproß des Rittergeschlechts Karl, welches damals im Dorfe Grumbach bei Langensalza seßhaft war, gewählt. Gleich nach Antritt seines Abtamtes erneuerte 1520 der Schutzherr des Klosters Ilfeld, Graf Botho der Glückselige v. Stolberg und Wernigerode, dem Abte Christophel und seinem Kloster Ilfeld die von den Grafen v. Hohnstein über Gründung des Fleckens Ilfeld gegebene Urkunde vom 17. September 1385 und bestätigte des Klosters Rechte über den Flecken. Zugleich übernahm Graf Botho die peinliche Gerichtsbarkeit über den Klosterflecken Ilfeld dergestalt, daß der gräfliche Amtmann auf Hohnstein in peinlichen Sachen im Flecken zu Ilfeld mit dem weltlichen Richter und Schultheißen des Klosters den Zugriff (Verhaftung) thun sollte. Die peinliche Strafe sollte vor dem Flecken Ilfeld vor dem Gerichte durch des Klosters Richter und Männer, wie vor Alters geschehen, gerichtet und gerechtfertigt werden. Der durch den gräflichen Vogt Johann v. Mynnigerode (auf Hohnstein) am Montage nach Cantate geschehene Eingriff in die Rechtfertigung (Bestrafung) des Adam Rogstedt, welcher des Klosters Fohlenhirten auf dem Birkenmoor (Bergkemore) entleibet, sollte des Klosters Privilegien unschädlich sein. Schließlich versprach Graf Botho noch, das Kloster bei seinen Gerechtigkeiten und Freiheiten als Schutzherr schirmen zu wollen. 1521 am 30. September erklärte Graf Günther der Ältere v. Schwarzburg-Arnstadt-Sondershausen: Nachdem der

Abt von Eilsfeldt und sein Kloster um Schutzes und Schirmes willen des Klosters Güter, Personen, Gesinde und Meyereien hierseits der Haylitten (Hainleite) zu Kirchengel, Hoenebra und andern Orten im Amte Klingen verpflichtet seien, einen Wagen mit 6 Pferden auf ihren Schaden, Unkosten und Zehrung zum Dienst des Amtes bußen (außerhalb) des Amtes und sonderlich nach Fischwerk nach Magdeburg, Braunschweig oder Nordhausen, desgleichen mit etlichen Fuhren von Klingen oder Schwerstedt nach Arnstadt zu stellen, auch wenn das Amt Klingen einen Heerwagen auszurüsten nötig gehabt: er aber jetzt wisse, diese Dienste auf andere Weise zu bestellen, so habe er auf dieselben verzichtet, wofür ihm der Abt 500 rheinische Gulden, die er in des vom Ritter Hans Knuth eingelösten Amtes (Klingen) Nutz gewendet, gegeben. Die Wiederauf- kündigung dieses Vertrags sollte vorbehalten bleiben und ¼ Jahr vorher erfolgen. (Es ist auf dem Vertrage bemerkt, daß die Aufkündigung desselben 1576 erfolgt sei.) 1521 am 3. Oktober erschien vor den Bürgermeistern und Räten der Stadt Nordhausen der ehrwürdige in Gott Ern Christoph Abt des Klosters Ilfeld als Testamentsvollstrecker eines (Andreas) v. Trota und erklärte, er wolle mit Zustimmung seines Kon- ventes aus milder Andacht den armen kranken sundersiechen Menschen des Spitals St. Cyriaci vor Nordhausen 60 Gulden aus jenem Testamente um Gottes willen zuwenden. Diese 60 Gulden sollten von den Spitalvormündern höher nicht als um 3 Gulden Zins ausgethan werden, und für diese 3 Gulden Zinsen sollten sie jährlich ein graues Tuch kaufen und den armen Menschen im Spital geben um Gottes willen. Sollte das aber nicht nötig sein, sollten sie die 3 Gulden zu einem anderen Almosen, den Armen zu gute, verwenden. Wenn sichs begebe, daß eine geistliche Person des Klosters Ilfeld, Ordens- person oder Priester, durch Gott mit der Krankheit des Aus- satzes beladen werde, sollte dieselbe (jedoch nicht mehr als eine Person) in das Cyriacispital aufgenommen werden. Der Rat der Stadt Nordhausen nahm diese Erklärung und Gabe Abt Christophs mit Dank entgegen unter der Bedingung, daß, wenn die Spitalsvormünder die Bedingung wegen Aufnahme eines aussätzigen Priesters nicht mehr erfüllen wollten, sie die 60 Gulden dem Kloster Ilfeld wieder zurückzahlen sollten. Sollte aber während des Bestehens dieses Vertrags mehr als eine aussätzige Person des Klosters Ilfeld sich in das Spital

begeben, so sollte sich das Kloster darüber mit den Spitals-
vormündern genugsam vertragen. Todestag und Todesjahr
des Abts Christoph sind unbekannt.

19. Abt Bernhard II. (v. Mützesal).

Die Zeit des Amtsantritts des 21. Abts v. Ilfeld Bernhards II. ist nicht bekannt. Er stammte aus dem Ritter-
geschlechte der Mützevale (Mitschephal, Mitzschefal), welches
auf der Burg Scharzfeld und in dessen Nähe (zu Stöckey u. s. w.)
begütert und seßhaft war. Zum ersten Male erscheint er urkundlich als Abt im Jahre 1524, wo er den Christoph v. Werther
mit Ilfelder Lehnsgütern zu Großwerther belehnte. Als im Frühjahr 1525 der Bauernkrieg in Thüringen ausbrach, rotteten
sich auch die Bauern des stolbergschen Amtes Hohnstein zusammen und zogen in den ersten Tagen des Maimonats nach
dem reichen Prämonstratenserkloster Ilfeld. Der als geizig
und wenig menschenfreundlich bekannte Abt Bernhard (v. Mitzschefal) raffte, als er die unerfreuliche Kunde vom Anmarsche der
Bauern erhielt, eiligst die Kostbarkeiten und Urkunden seines
Klosters zusammen und rettete sie nach der festen Burg Hohnstein seines Schutzherrn, des Grafen Botho des Glückseligen v.
Stolberg. Der Abt und seine Konventsbrüder aber flüchteten
in ihren Klosterhof nach Nordhausen. Vom 1. bis 3. Mai scheinen
die Bauern das Kloster Ilfeld heimgesucht und geplündert zu
haben. Als die Bauern außer Lebensmitteln nur wenig wert-
volle Beute im Kloster gefunden, dagegen den Bergungsort
der Klosterkleinodien erfahren hatten, zogen sie am 4. Mai
in hellem Haufen von Ilfeld nach dem Schlosse Hohnstein
und verlangten dort die Herausgabe der Habe des Abts. Als
solche nicht sogleich erfolgte, erstürmten und eroberten sie das
Schloß. Am Eigentume des Landsherrn vergriffen sich die
Bauern nicht, dagegen wurden alle Kostbarkeiten und Wert-
sachen des Abts mit Gewalt genommen. Mit dieser Beute
beladen, zog nun der Bauernhaufe, an dessen Spitze ein über-
mütiger Bauer, welcher des Abts Inful (Abtshut) aufgesetzt
hatte und den silbernen Abtsstab spöttisch in seiner Hand trug,
marschierte, von der Burg Hohnstein hinunter nach dem Flecken
Neustadt, wo die reiche Beute unter die anwesenden „christlichen Brüder" verteilt wurde. Nach Stillung des Bauern-

aufstandes zog der Abt mit dem größten Teile seiner Konventsbrüder wieder ein in das leere Kloster. Drei Konventsbrüder
aber zogen es vor, draußen in der Welt zu bleiben. 1526
am 26. Juli einigte Graf Botho v. Stolberg und Wernigerode
den Abt Bernhard v. Ilfeld und die ehrsamen Er Jakob Husen, Er
Heinrich Steckey und Er Lorenz Brandten, etwa Konventsbrüder
des Klosters Ilfeld. Graf Botho erzählt, er habe sie fleißig
gebeten, sich ebenfalls wieder in das Kloster und geistliche Leben
zu begeben, welches sie aber darum, daß sie im Vorjahre in der
„uffruhr der Bawerschafft“ aus dem Kloster Ilfeld hätten flüchten
müssen und weil sie im Zweifel stünden, ob die Klöster bestehen
und in Wesen bleiben würden, verweigert und abgeschlagen
hätten. Der Abt habe als Erstattung ihres ins Kloster ge-
brachten Erbteils ihnen allen dreien 100 Gulden bewilligt,
womit sie zufrieden seien und sich allen Anspruchs an das
Kloster begeben hätten. Alle drei Ausgetretene sollten fortan
das Kloster und den Flecken Ilfeld meiden. Am 24. August
1526 hielt Abt Bernhard mit seinem Konvente in der Kapitels-
stube des Klosters eine Versammlung ab, in welcher sie den
Schaden und die Trübsal, so ihnen an ihrem Kloster und
Gotteshause und an ihren eigenen Personen im Bauernaufstande
begegnet, betrachteten und berieten, wie sie das Kloster, ihren
Ordensstand und den löblichen Gottesdienst wieder herstellten
und wie sie diejenigen, so sie in ihrer Angst, als sie ihr
Kloster verlassen müssen, untergebracht und ihnen das Ihrige
gutwillig vorgestreckt, bezahlten. Da befanden Abt und Mönche,
daß ihnen solches unmöglich, weil des Klosters Kleinodien und
bewegliche Güter durch den gemeinen Mann in dem Bauern-
aufruhr entwendet und geraubt worden. Sie faßten deshalb
mit Vorwissen und Bewilligung ihrer Oberen den Entschluß,
an die Gebrüder Valentin und Balthasar v. Sundhausen auf
Wiederkauf für 400 rheinische Gulden 2 wüste Höfe und 12
Hufen arthaftigen Landes zu Sundhausen, welche diese und
deren Voreltern lange Zeit vom Kloster als Zinsgut besessen
hatten, zu verkaufen. Dieser Beschluß wurde denn auch aus-
geführt. Im Jahre 1527 stellte der Klosterbruder Thomas
Stange unter Beihülfe seiner Mitbrüder Albrechterode und
Liborius Bergla ein neues Zinsregister des Klosters Ilfeld
auf, um wieder Ordnung in die Klosterverwaltung zu bringen.
1528 und 1529 verkaufte Abt Bernhard, Prior Caspar Rymann,
Senior Heinrich Genzel und Prokurator Thomas Stange und

ganzer Konvent des Klosters Ilfeld für 50 Gulden dem Rate
der Stadt Nordhausen alle und jegliche Erbzinsen, Rechte und
Gerechtigkeiten, Lehen, Mühlen und Mühlstätten in der Stadt
und in der Stadtflur Nordhausen. Doch behielt Kloster Ilfeld
seine freien Häuser (auf dem Hagen und auf dem Petersberge) zu Nordhausen, seine Hauptgelder auf Bürgerhäusern und
ein Faß Bier jährlich vom Rate. 1532 bekannten die Gebrüder Heinrich, Lorenz, Christoph, Valentin, Kaspar, Hans
und Cornelius v. Rützleben, daß ihr verstorbener Vater mit
dem Abte Bernhard v. Ilfeld einen Vertrag geschlossen habe,
nach welchem das Kloster Ilfeld statt des ihm für 200 rheinische
Gulden von ihrem Freigute „Kämmerergut" zu Großfurra auf
Wiederkauf verkauften 8 Marktscheffel Jahresgetreidezinsen
fortan bis zum Wiederkaufe jährlich 10 Gulden Jahreszins
erhalten sollten. Sie versprachen, diesen Jahreszins entrichten
und den Vertrag ihres verstorbenen Vaters halten zu wollen.
1534 mußte Abt Bernhard Klage gegen den Hans v. Watterode
zu Mauderode wegen Nichtzahlung seiner Jahreszinsen beim
Kardinal Albrecht, Erzbischof von Magdeburg und von Mainz,
anstrengen, und letzterer ließ den säumigen Zinszahler durch
den Halberstädter Stiftshauptmann Heinrich v. Hoym und
durch den Halberstädter Dechanten und Offizial Licentiaten
Heinrich Horn vorladen. Schließlich legten auf einem Verhandlungstage am 8. Mai 1534 zu (Nieder-)Sachswerfen
die gräflich stolbergischen und hohnsteinischen Räte (Amtmann
Wolf Rabyl zu Stolberg, Heinrich der Jüngere v. Bülzings-
leben, Heinrich Rosenberg und Caspar Mehler) mit Genehmigung
der Grafen Botho v. Stolberg und Ernst v. Hohnstein die
Sache dahin bei, daß Hans v. Watterode zu Mauderode dem
Abte Bernhard die Jahreszinsen richtig zahlen sollte, widrigen-
falls der Abt die Zinsgüter gegen Erstattung der Kaufgelder
an sich nehmen könne. Die Prozeßkosten sollten vom Kläger
und Beklagten zu gleichen Teilen getragen werden. 1535 erhielt Abt Bernhard vom Doktor Philipp Dragstedt statt der
eingeklagten und verfallenen 36 rheinischen Gulden Jahreszinsen von dessen Saigerhütten zu Eilfelth aus dieser Hütte
einen „kuppern babtoffen und einen eisernen rosth" zugestellt.
1537 verkauften Abt Bernhardus, Prior Casparus Rymann
und Konvent des Klosters Ilfeld für 20 Gulden, wiederkäuflich
nach 25 Jahren, die Geuchswiese bei Appenrode an Heinrich
v. b. Werna. 1537 gab Abt Bernhardus v. Ilfeld gegen einen

Jahreszins von 7½ Schneebergern ein Hölzchen „das Loichen"
bei Görsbach dem Pfarrer Er Ludwig Keulingk zu Gerspich,
dessen Frau Katharina und Tochter Anna auf deren Lebenszeit.
1639 gaben Abt Bernhard, Prior Caspar Rymann und Konvent des Klosters Ilfeld dem Balthasar v. Sundhausen auf
sein flehentliches Bitten 12 Hufen Land zu Sundhausen und
1 Hofstätte neben dem Klostervorwerke daselbst für einen Jahreszins von 12 Marktscheffeln Getreide (3 Weizen, 4 Roggen,
5 Gerste) unter der Bedingung, daß das Gut nicht verkauft,
verpfändet oder verteilt werden dürfe. Etwaige Steuern der
Grafen v. Schwarzburg und v. Stolberg sollte Balthasar von
Sundhausen tragen. Bei säumiger Zinszahlung sollten die 12
Hufen an das Kloster heimfallen, das auf der Hofstätte vom
Inhaber neuerbaute Haus aber nach erfolgter Abschätzung von
4 Schiedsleuten vom Kloster bezahlt werden. Im Falle des
Aussterbens derer v. Sundhausen sollte das Gut an das
Kloster heimfallen. 1639 verkaufte Abt Bernhard v. Ilfeld
für 20 Gulden ein Ilfelder Haus und Hof auf dem Schlunz-
berge zu Nordhausen (bisher Besitz derer von Werthern) unter
Wahrung des Heimfallsrechts an den Nordhäuser Bürger
Jakob Kirchner und dessen Ehefrau Katharina auf deren Lebenszeit unter der Bedingung, dasselbe im baulichen Wesen zu erhalten und nichts davon zu verkaufen, zu verpfänden oder zu
vermieten. 1541 gab Abt Bernhard tauschweise dem Grafen
Ernst v. Hohnstein-Lohra-Klettenberg seine Mühle im Dorfe
Salza und erhielt dagegen einen Jahreszins von 3 Marktscheffel Roggen aus dem gräflichen Vorwerke zu Wofsleben.
1543 verpachtete Abt Bernhardus v. Ilfeld dem Berld Lungers-
hausen zu Uthleben 1 Hufe Laßland daselbst auf 6 Jahre
gegen einen zu Michaelis in den Klosterhof zu Nordhausen
zu liefernden Jahreszins von 3 Marktscheffeln Getreide (Weizen,
Roggen und Gerste). 1543 stellte Graf Günther v. Schwarzburg dem Abte Bernhardus v. Ilfeld eine Quittung aus über
vollgezahlte 250 Gulden (Schutzgeld), deren er von 1538
jährlich 50 ihm zu zahlen versprochen. 1544 erklärten Bürgermeister und Rat der Stadt Stolberg, daß ihnen Abt Bernhard
v. Ilfeld zur Erhaltung eines Gesellen in ihrer Schule, den
jungen Knaben zu gute, 20 Gulden versprochen und gezahlt
habe. Abt Bernhard II. starb anfangs November 1544.
Ueber seine Person, seinen Charakter und seine Amtsführung
wird (vom Schulrektor Neander) berichtet: „Der edle Mann

Abt Bernhard war ein strenger, energischer Mann von großer Autorität und hohem Ansehen, weil er Verwandte und Vettern an gräflichen und fürstlichen Höfen besaß, auf die er sich stützen konnte. Er war ein eifriger Anhänger des Papstes sein ganzes Leben hindurch und ein auf irdische Güter allzusehr bedachter Mann, hart und geizig gegen die Armen in dem Maße, daß ihn deshalb Thomas Stange, der damals Prokurator (Verweser) des Klostergutes in Kirchengel war, tadelte, so oft er nach Ilfeld kam. Oft ist Letzterer unwillig von ihm gegangen. Von Schulen und Gelehrsamkeit hielt er recht wenig. Er hat mehr Geld als alle seine Vorgänger in der Abtswürde zusammengescharrt."

20. Abt Thomas (Stange).

Zum 22. Abt des Klosters Ilfeld (Neander behauptet, er sei der 23. Abt gewesen, wahrscheinlich auf Grund der S. 75 mitgeteilten Inschrift des Grabsteins des Abtes Johann Neumarkt, so daß einer in der Abtsreihe — es ist nach den Klosterurkunden nicht festzustellen, an welcher Stelle und in welcher Zeit — fehlen müßte) wurde der bisherige Klostergutsverweser Thomas Stange gewählt. Am 19. November 1544 berichteten dem Abte Johann zu Prämonstrat, als dem Generale des Ordens, Thomas Stange und Andreas Marholt, (die damals noch vorhandenen einzigen) Professen des Klosters b. Marie in Ilfeld, daß im November dieses Jahres ihr Abt Bernhard v. Mischefale verstorben sei, da aber in jetziger Zeit Gefahr im Verzuge liege, so hätten sie am Sonnabend 19. November sich als Kapitel des Klosters zusammengethan, nach den Statuten des Konzils zu Basel und unter den vorgeschriebenen Ceremonien den Bruder Lampert Borse, Propst des S. Wipertiklosters bei Quedlinburg, zum Kommissar gewählt, welcher den Bruder Thomas Stange zum Abte erklärt und verkündigt habe. 1545 am 19. März bestätigte Kardinal Albrecht, Erzbischof v. Mainz und Magdeburg, Bischof v. Halberstadt, die Wahl des Thomas Stange zum Abte des Klosters Ilfeld und beauftragte seinen Halberstädter Weihbischof, Bischof Johann v. Accon, mit der Einsegnung und Einführung des neuen Abtes.

Thomas Stange wurde 1495 von armen Eltern in

Querfurt geboren und hat sich in seiner Jugend als ein armer Schüler in Halle, Erfurt und Stolberg kümmerlich mit Singen (als Kurrendeschüler) durchbringen müssen, hat aber dabei die lateinische Grammatik wohl gelernt. Im Jahre 1515, im 20. Jahre seines Lebens, trat er unter dem Abte Johann Neumark in das Kloster Ilfeld ein und that auf die Prämonstratenserregel Profeß, hat auch solche so ernstlich und steif mit Beten, Fasten und Klosterübungen gehalten, daß er über die Hälfte des Jahres gefastet, in der Meinung, damit bei Gott einen besonderen Lohn zu verdienen. Daher kam es auch, daß er die damals aufgehende evangelische Wahrheit nicht so bald wie ein Teil seiner Klosterbrüder annahm. Es fand sich aber zur Zeit Abts Bernhard v. Mützschefal ein junger und nicht ungelehrter Mönch im Kloster Ilfeld namens Andreas Marholt, welcher sich fleißig zu dem Nordhäuser Reformator M. Johann Spangenberg hielt und von demselben nicht nur guten Unterricht im Worte Gottes und in der evangelischen Wahrheit erhielt und annahm, sondern auch die im Drucke erschienenen Bücher Dr. Martin Luthers erborgte, die er mit seinem Konventsbruder Thomas Stange fleißig las. Dadurch wurden Beide so begierig, daß sie mehr und immer mehr von solchen Büchern aus Gottes Worte zu lesen verlangten. Jedoch hielt Thomas Stange dabei fest an seinen Ordensregeln und trat von solchen nicht ab aus Furcht, er möchte etwas gegen sein Gewissen thun, und führte immerbar das Wort im Munde: „Optima est substantia non habere peccatum in conscientia." (Das beste Gut ist, keine Sünde auf dem Gewissen zu haben.)

Thomas Stange hat später als Abt sich mehrmals gegen Dr. Luther, Melanchthon, Justus Jonas und Johann Spangenberg vernehmen lassen: „Es sei ihm kaum so schwer geworden, seinen alten Adam unter die Klosterregel zu bringen und zu den leiblichen Übungen zu zwingen, als hernach den alten, vermeintlichen heiligen Mönchsadam auszuziehen, abzulegen und mit den geistlichen Waffen des göttlichen Wortes zu dämpfen, an eigner Heiligkeit gänzlich zu verzagen und Christo allein die Ehre zu geben."

„Abt Thomas war (nach dem Zeugnisse des gleichzeitigen Geschichtsschreibers M. Cyriax Spangenbergs) ein recht frommer, aufrichtiger, in Christo heiliger Mann, richtig in der Lehre und ganz unsträflich im Leben, ein Liebhaber der Wahrheit, ein Freund aller Gelehrten, ein Vater der Armen, treu, wahr-

haftig, ohn alles Falsch, der Jedermänniglichen mit Rat und
Hülfe zu dienen willig, der allen Armen, Notleidenden, Exu-
len und Schülern, so bei ihm Hülfe suchten, mildiglichen
etwas mitteilte." — Sein Freund Neander berichtet: „Herr
Thomas blieb Abt, so lange er lebte, und war ein christlicher,
gelehrter, gottseliger, frommer Abt, wie er denn dies Lob noch
bei denen hat, so ihn im Leben gekannt. Derselbe Herr
Thomas, so dem v. Mützschefale gefolget, hat, weil er gelehrt und zu Studiis Lust gehabt, eine Schule (in seinem
Kloster) angerichtet für 10 oder 11 Knaben, welches man
beim Abte Mützschefal nicht hat mögen erhalten."

Die Gründung der Ilfelder Klosterschule erfolgte (nach
der in der epistola dedicatoria des ersten Ilfelder Schul-
rektors Neander an die Grafen v. Stolberg vom Jahre 1553
— sie steht in Graecae linguae erotemata .... Michaele
Neandro Soroviensi autore. Basileae, per Joannem Opori-
num. 1561 — enthaltenen Nachricht) im Jahre 1546:

„Der letzte Abt des Klosters Ilfeld, Herr Thomas Stange,
hat vor 7 Jahren (1553—7=1546) mit Rate Doctoris
Martin Luthers, D. Philipp Melanchthons, D. Jonas, D.
Platners und vieler anderer frommer und ausgezeichneter
Männer und mit Zustimmung der Herren Grafen v. Stolberg
im Kloster Ilfeld eine Schule eingerichtet und in ihr einige
arme Schüler unterhalten."

Die armen Knaben, so mit ziemlichem Alter ihre Fundamente in andern öffentlichen Schulen ziemlich gefaßt, sollten
in der Klosterschule zu Ilfeld weiter gebracht und daraus entweder zu Ämtern gebraucht oder auch auf Akademien (Uni-
versitäten) weiter geschickt werden. Philipp Melanchthon ge-
fiel dieses Vorhaben des Abts Thomas ganz besonders. Als
dieser auf der Leipziger Messe einstmals bei Melanchthon gewesen und mit diesem über die Gründung und Unterhaltung der
Schule ausführlich geredet, hat Melanchthon gesagt: „Herr v.
Ilfeld, fahret fort, wie ihr wohl angefangen habt, primum quaerite
regnum Dei. et reliqua omnia auferentur a vobis" (Trachtet
am ersten nach dem Reiche Gottes, so wird euch alles Andere
zufallen), hat dabei gelacht und dann weiter gesagt: „Denket
einmal an mich!"

Die ersten Jahre wollte es mit der Schule nicht recht
vorwärts gehen, weil die ersten beiden Magister und Präcep-
toren sehr laß gewesen, oft in 4 Wochen nicht einmal in die

Schule gekommen sind, zur Schularbeit und zur ernstlichen
Förderung der Jugend keine Lust gehabt, sondern spazieren
gezogen sind hin und wieder zu Collationen und Hochzeiten,
auch sonst so übel hausgehalten und gelebt, daß niemand zu
ihnen noch zur Schule Lust gehabt und weder große noch kleine
Knaben gern in dieselben geschickt hat, auch wenn mans den
Leuten angeboten. Dazu sind die Knaben so ungezogen und
ungehalten gewesen, daß sie weder auf die Lehrer noch auf
die Herren oder Jemanden im Kloster etwas gegeben, haben
mit Köchen, Kellnern und Jedermann gezankt, so daß es dem
Herrn (Abte), der doch sonst von Natur ein allzu gütiger,
frommer und nachsichtiger Mann, bange und wehe dabei gewesen. Endlich hat der Abt die beiden Magister aus bringen-
der Not entlassen müssen, weil sie bei der Jugend nichts
Fruchtbarliches geschafft und dieselbe nicht gefördert (vorwärts
gebracht) haben.

Auch von anderer Seite wurde dem Abte Thomas Sorge
und Mühe bereitet: Gleich nach dem Tode Abt Bernhards
hatte Graf Günther der Alte v. Schwarzburg zugegriffen und
dem Kloster Ilfeld seinen Hof zu Kirchengel weggenommen.
Es währete lange, ehe man vermochte, den Grafen zurechte zu
bringen. Dieser hatte die Sache am kursächsischen Hofe zu
Dresden derart „unterbauet", daß die Räte daselbst dem Abte
Thomas treulich rieten, er möge den Klosterhof Kirchengel
fahren und sich „providieren" lassen, denn er würde da wenig
erreichen. Abt Thomas aber setzte es trotzdem durch, daß
Graf Günther den Klosterhof Kirchengel herausgeben mußte.
— 1547 belehnte Abt Thomas des Stifts Ilfeld die Gebrüder Wolf und Hildebrand v. Ebra mit den von ihrem
verstorbenen Vater Hildebrand ererbten Ilfelder Mannlehns-
gütern zu Uftrungen: 1 freier Siedelhof mit 1 Hufe Landes,
das Holzfleck „Walmerodt", die Wiese „Diebswinkel", 1 freier
Siedelhof, genannt „das Wahl" mit dem Teichgraben, 4
Hufen Landes, Wiesen und Zubehör, 1 Hofstätte neben dem
Teiche, 1 Schafhof gegen dem Teiche, 1 Grashof, genannt
der Waidbahn, 4 Holzmarken, genannt „der Biztum" an der
Krumbschlacht bei Rottleberode, sollen 70 Morgen sein, 1 Hof,
genannt „der Mahlhof" mit Wiesen und Länderei, einst Hansen v. Arnswald abgekauft.

Im Jahre 1550 berief Abt Thomas den jungen Schulmeister Michael Neander von der Lateinschule zu Nordhausen

zum Rektor seiner Klosterschule. Derselbe fand in derselben 10 bis 11 Knaben vor. Unter Neanders Leitung blühte die Klosterschule auf und bekam einen guten Namen, so daß Jedermann begehrte, seine Kinder darinnen zu haben.

Am 8. März 1551 stellten Abt Thomas und sein Mitbruder Andreas Marholt, die einzigen noch vorhandenen Konventsbrüder des Klosters Ilfeld die Urkunde über Gründung und Dotierung der neuen, evangelischen Pfarrei zu Ilfeld aus:

„Im Namen der heiligen Dreifaltigkeit, Amen. Wir Thomas aus göttlicher Verhängnis Abt, Andreas Marholt, Konventsbruder und Pfarrherr des Stifts Ilfeld des Ordens von Premonstrat im Bistum Mainz, bekennen für uns und unsere Nachkommen des Stifts und Klosters Ilfeld in und mit diesem offenen Briefe: Nachdem die Pfarre im Flecken zu Ilfeld bis anhero durch die Personen des Klosters mit dem heilsamen Worte Gottes und mit den heiligen Sakramenten versorgt gewest, aber nun hinfürder durch Absterben und Mangelung der (Kloster-)Personen das nicht mehr geschehen mag, so haben wir mit wohlbedachtem Mute und zeitlichem Rate und mit Bewilligung der Wohlgeborenen und Edlen Grafen und Herren zu Stolberg und Wernigerode, unserer gnädigen Herren, als Schutzherren unseres Klosters, auch anderer christlicher, gottesfürchtiger und gelahrter Leute in guter und christlicher Meinung vorgenommen, auf daß auch nach unser beider Absterben die armen Leute zu Ilfeld, dieweil sie wenig Einkommens da haben, davon einen Pfarrherrn können erhalten und sie mit dem heiligen Worte Gottes und den heiligen Sakramenten nach christlicher Ordnung versorgt möchten werden, von unsers Klosters freien und eigenen Gütern zugeeignet und gegeben, geben und zueignen mit und in Kraft dieses Briefes zu ewigen Gezeiten und alle Jahr von des Klosters freiem und eigenem Gute zu Auleben, welches jetzt inne hat Jacob Becker, 2 Marktscheffel Weizen, 2 Marktscheffel Roggen und 4 Marktscheffel Gerste nordhäusisch Maß, desgleichen von unserm Vorwerke Hesserode, das jetzt inne hat Hans Furlan, 2 Marktscheffel Weizen, 2 Marktscheffel Roggen und 4 Marktscheffel Gerste, alles nordhäusisch Maß, dazu eine Wiese, genannt die Pfaffenwiese, vor dem Flecken Ilfeld samt dem daneben liegenden Lande bis an den Fußstieg, und eine freie Behausung, vor Zeiten „das Kamenchenhaus" genannt, samt dem hart daran liegenden Hofe und Garten. Auch haben wir 10 Gulden wieder-

käufliche Zinsen, so uns und unserm Kloster die gestrengen
und vesten die von Rüxleben auf 200 Goldgulden Hauptgeldes, laut und Inhalts der Hauptverschreibung, jährlich zinsen,
dazu gelegt mit solchem Gedinge (solcher Bedingung), wenn
ermeldete die v. Rüxleben die Hauptsumme mit 200 Goldgulden würden ablösen, soll ein Pfarrherr solche 200 Goldgulden nicht zu seinen Händen nehmen, sondern mit Rate der
Wohlgebornen und Edlen Herren, der Grafen zu Stolberg,
wiederum an gewisse Zinsen anlegen, damit diese Ordnung in
Ewigkeit ungestört bleiben möge. Es soll auch einem Pfarrherrn aus des Klosters Gehölze an gelegenen Örtern Holz,
so viel für die Haushaltung von nöten, folgen. Daß aber
obbemeldete Stiftung stets, fest, kräftig und unverrückt gehalten werde, so haben wir Thomas Abt und Andreas Marholt
obgenannt unsere Abtei- und Conventssiegel wissentlich an
diesen Brief thun hängen und (denselben) unsern lieben getreuen Vormunden und ganzer Gemeinde zu Ilfeld übergeben
und zustellen lassen. So geschehen nach Christi unsers lieben
Herrn und Seligmachers Geburt im 1551. Jahre auf den
Sonntag, den man nennet Letare in der Fasten." 1553 bekannte Abt Thomas zu Ilfeld, daß Christoffel Greger zu
Niedersachswerfen an die Vikare des Nordhäuser Domstiftes
für 100 Gulden einen Jahreszins von 6 Gulden verkauft
hatte. 1556 schrieb Abt Thomas v. Ilfeld an den Rat der
Reichsstadt Nordhausen, er beabsichtige zur Erhaltung der Gerechtigkeit seines Klosters beim kursächsischen Oberhofgerichte Klage
gegen Wolf v. Werthern, der eins von den Ilfelder Häusern
(auf dem Petersberge zu Nordhausen) ohne sein Wissen und
Willen eingenommen, und gegen Hans Friedrich v. Tüdgerode,
welcher ein anderes Ilfelder Haus daselbst einnehmen wollte und
den Andreas Brückner, der dasselbe vom Kloster erkauft, mit
beschwerlichen Bedrohungen anfocht und turbierte, anzustrengen.
Das sollte aber der Stadt, ihrem Gerichte und Rechte und ihren
Privilegien und Freiheiten unschädlich sein. 1557 erneuer-
ten die Vormünder des Martinihospitals zu Nordhausen dem
Kloster Ilfeld den Brief ihrer Vorgänger, in dem diese sich
schuldig bekannten, dem Kloster von 5 Hufen Artlandes bei
Nordhausen und Steinbrücken jährlich 8 Marktscheffel Getreide (Weizen, Roggen und Gerste) liefern zu müssen, weil
dem alten Briefe im Bauernaufruhre die Siegel abgeschnitten
worden waren. — Man sieht aus diesen wenigen erhaltenen

Urkunden, daß Abt Thomas eifrig bedacht war, die Einkünfte und Rechte seines Klosters zu erhalten.

Als unter Neanders Leitung der Klosterschule die Zahl der Anmeldungen neuer Schüler immer größer wurde, setzte es Neander beim Abte Thomas, der sich anfänglich zum aller-heftigsten wehrte, mehr als einen Tisch zu halten, durch vieles Zureden endlich durch, daß der Abt, etwa 2 oder 3 Jahr vor seinem Tode, die Aufnahme so vieler Knaben gestattete, daß ihrer 2 Tische wurden. Als Abt Thomas sah, daß die Knaben im Studium schnell vorwärts kamen und in einem halben Jahre oft mehr als früher in 2 Jahren lernten, so daß die Schule von Jedermann gerühmet und allenthalben gepriesen wurde, hatte er seine besondere Lust und Freude an seiner Klosterschule und weinte oft vor Freude, wenn die Schüler abzogen auf Akademien oder zu Schulämtern und ihm sein mit einem erudito Carmine (gelehrten Gedichte) dankten, und fing nun an mit allem Fleiße darauf zu denken, wie die Schule, Haushaltung und das Kloster auch nach seinem Absterben zu allen Zeiten möchte bleiben, sein und bestehen und nicht zerrissen oder zu weltlichen Zwecken möchte ver-wendet werden. Von diesem seinem löblichen, ehrlichen Vor-haben redete er, so lange er noch lebte. Als etliche Mal Be-rufungen auf Akademien, nach mehreren Städten und Schulen an Neander gelangten, da bat Abt Thomas diesen stets herz-lich und flehentlich, er möge nicht von ihm ziehen, sondern bei ihm bleiben und nach seinem Tode Schule, Haushalt und Kloster zu beständigem Stande bringen helfen. Wenn er vom Hofe (seiner Schutzherren, der Grafen v. Stolberg) Diener und Räte, so etwa vornehme Leute, haben mochte, so erzählte er ihnen sein Vorhaben und bat sie, weil er die letzte Klosterperson und alt, schwach und verlebt sei, sie wollten es bei seinen gnädigen Herren helfen zuwege bringen. Auch seinen Schulrektor Neander schickte er etliche Mal an die Gra-fen v. Stolberg mit Credenz und Befehl, deshalben weitläufig (ausführlich) mit ihnen zu reden, wie dann etliche Mal ge-schehen, und vornämlich, wenn er wußte, daß die Grafen, Ludwig, Henrich, Albrecht und Christoph zu Stolberg beisammen anzutreffen waren, wie denn Graf Ludwig einmal lange zu Stolberg war, auch etliche Mal mit seiner Gemahlin und Tochter im Kloster Ilfeld war. Obzwar sie wohl allezeit gnädig antworteten, so wandten sie doch immerbar vor, sie hätten mit

ihren Sachen sehr viel zu thun; wenn sie vor denselben Zeit
hätten, wollten sie davon reden. Das zog sich aber so lange
hin, bis Abt Thomas am Palmsonntage 1559 in der Kirche
an einem Fieber erkrankte, an welchem er 3 Wochen darnieder-
lag. Er blutete alle Tage, durfte keinen Wein trinken seines
greulichen Hustens halber, trank aus einer eigenen (besonderen)
Kanne, auch wenn er Herren, Grafen und Fürsten zu Gästen
hatte, das ganze Jahr hindurch, Sommer und Winter, ge-
wärmet Bier. Die größte Lust, so er hatte, war das Jagen,
wenn er einen Hasen oder ein Reh fing. Während der 3
Wochen seines letzten Krankenlagers mußte sein Schulrektor
und Freund Neander allezeit bei und um ihn sein. Alle Ge-
danken des kranken Abts waren darauf gerichtet, daß der
Haushalt und das Kloster nach seinem Ableben möchten erhalten und zusammen bleiben; er berichtete auch dem Neander
täglich viel Dinge, so nötig zu wissen, und bat ihn etliche
Mal mit weinenden Augen und um Gotteswillen, er wolle
ja nach seinem Absterben nicht vom Kloster weichen, sondern
in demselben bleiben und darauf helfen denken, so viel men-
schenmöglich sei, daß das — was er im Leben öfters aber
vergebens gesucht und geseufzet (nämlich die Zustimmung der
Grafen v. Stolberg zum Fortbestande des Klosters als Klosterschule) — durch ihn und seinen Fleiß möchte erreicht und zuwege gebracht werden; er habe das feste Vertrauen zu ihm,
daß ihm das gelingen und daß Gott durch ihn seinen Segen,
Glück und Heil der Schule, dem Kloster und dem ganzen
Haushalte geben werde. Er trug den Neander auf, er sollte
nach seinem Absterben seinen letzten Willen, sein Flehen und
Bitten allen Herrschaften (v. Stolberg, v. Schwarzburg und
v. Hohnstein) treulich vermelden, vor Niemand erschrecken und
um Hilfe und Rat anrufen, wen er könne, und sollte ja nicht
vom Kloster weichen, sollte sich auch durch Niemand und Nichts,
wer und was es auch sein würde, vom Kloster abbringen
oder abscheiden lassen: Das würde Gott im Himmel ihm und
den Seinigen hier zeitlich und dort ewiglich vergelten und
lohnen. Dazu wünschte Abt Thomas dem Neander Gottes
Segen, Glück und alle Wohlfahrt. Nachdem Abt Thomas so
alles das, was er auf dem Herzen getragen, Gott und seinem
Freunde Neander befohlen, mußte dieser ihm die Hand darauf
geben, alles ihm Aufgetragene halten und ausführen zu wollen.
Darauf sagte Abt Thomas, er wolle nun gern sterben, da er

zu leben müde sei. Vom folgenden Tage nach dieser Rede, Bitte und Befehle lag Abt Thomas still drei Tage, aß und trank nichts, ohne was ihm Neander noch als Labsal einflößte, redete auch nichts weiter, als daß er zu Zeiten aufschrie: „Sind sie schon da?" Solches rief er etliche Mal, worauf er am 10. April 1559 sanft im Herrn` einschlief. Er hatte ein Alter von über 63 Jahren erreicht. Sein Freund Neander bereitete dem letzten Abte des Klosters Ilfeld in der Klosterkirche die letzte Ruhestätte und ließ ihm ein Epithaphium errichten. Der (noch heute in der Klosterschule aufbewahrte) Oberteil seines Grabsteins trägt die Inschrift:

SVB HOC LAPIDE
REQVIESCIT
REVERENDVS VIR
THOMAS STANGE
QVERFVRTENSIS
ABBAS JLFELDENSIS VLTIMVS.

Nach Leuckfeld, Antiqu. Ilfeld. p. 112 hat das nicht mehr vorhandene Unterteil des Grabsteins die Inschrift getragen:

CLARVS. PIETATE. HOSPILITATE. MANIFICENTIA
& LIBERALITATE IN
SCHOLAM ECCLESIAM & PAVPERES.
OBIIT AVTEM ANNO ÆTATIS SVÆ 64.
CHRISTI VERO 1559.
10. DIE APRILIS.

21. Die Klosterschule Ilfeld. — Der erste Klosterschulrektor Magister Michael Neander.

Er war 1525 zu Sorau als der Sohn des Krämers Hans Neumann geboren. Nachdem er die Stadtschule zu Sorau besucht, bezog er im April 1544 die Universität Wittenberg, wo er unter Leitung Philipp Melanchthons, an den er empfohlen worden und der ihn wegen seines Fleißes und seiner Frömmigkeit wie einen Sohn liebte, in der hebräischen und griechischen Sprache trefflich zugenommen und herrliche Fundamente in der Theologie gelegt, auch Dr. Martin Luthers Lektionen und Predigten „ins dritte Jahr" gehört hat. Auf Melanchthons Empfehlung kam Neander 1547 als Lehrer der städtischen Lateinschule nach Nordhausen und wurde zugleich auf des Dr. Justus Jonas Empfehlung Hauslehrer der Kinder des angesehenen Nordhäuser Bürgers Erasmus Schmidt (1562 Bürgermeister). Am 30. Juni 1550 siedelte Neander, vom Abte Thomas als Rektor seiner Klosterschule berufen, nach Ilfeld über. 1554 erwarb er sich zu Wittenberg den Magistergrad. Die Zahl der Klosterschüler stieg unter ihm von anfänglich 10 oder 11 stetig und betrug 1556 bereits 24 (zween Tische). Als sein Freund Abt Thomas 1559 gestorben war, berief Neander alle Diener des Klosters zu dessen Begräbnisse. Da teilten ihm Wilhelm, Verweser des Klosterhofes zu Nordhausen, der dem Kloster in die 30 Jahre gedient, und Erasmus, Verweser des Klosterhofes zu Kirchengel, mit, daß die Einziehung ihrer Höfe zu befürchten stehe. Diese Befürchtung war nicht grundlos, hatte ihm doch auch Abt Thomas oft geklagt, daß die 3 Grafen v. Stolberg, v. Schwarzburg und v. Hohnstein sich beredet hätten, nach dem Absterben der Klosterpersonen alles Ilfelder Klostergut, was in eines jeden Herrschaften belegen, einziehen zu wollen. Neander, der sich bisher nur um Bücher und Studieren bekümmert, hatte nun die große Last der Klosterverwaltung, von der er recht wenig kannte, auf seinen Schultern. Hätte er nicht seine feste und harte Zusage zum Bleiben dem Abte Thomas gegeben, so hätte er jetzt eine der vielen Berufungen nach Akademien und Schulen angenommen. Er schrieb an des Klosters Schutzherren, die Grafen v. Stolberg, und teilte ihnen seines lieben, seligen Herrn und Abts Thomas Bitte, Flehen und letzte Meinung ausführlich mit. Die Grafen Ludwig und Albrecht v. Stolberg forderten ihn nach Nordhausen in des Bürgermeisters Erasmus Schmidts Haus, wo ihm Graf Ludwig mitteilte, man könne wegen vieler dringender Geschäfte jetzt auf sein Schreiben nicht antworten, wollten aber darauf denken. Dagegen möge er ihnen, da sie dessen jetzt eilends bedürften, die vom Abte Thomas hinterlassenen 400 Gulden borgen; sie wollten ihm dessen in Gnade gedenken und sich erkenntlich zeigen. Trotz aller Vorstellungen mußte Neander das Geld herausrücken. (Kapital und Zinsen konnte er später niemals zurück erhalten.) Die Bitten Neanders um Fürsprache bei Graf Günther dem Streitbaren und seinem Bruder, Graf Hans, blieben bei den mit diesen erbverbrüderten Grafen v. Stolberg fruchtlos. Die beiden Schwarzburger Grafenbrüder, besonders Graf Günther, griffen infolgedessen zu und nahmen

den schönen Ilselder Klosterhof Kirchengel mit dem zu Hohenebra weg, legten Pferde und Reiter auf denselben und geboten
dem Ilselder Hofverweser Erasmus, dem Kloster Ilseld nicht
das Geringste folgen zu lassen. Neander entschloß sich nun,
des Klosters Recht selbst zu verteidigen; er schrieb an
Graf Günthern, an Graf Hansen, an ihre Räte, an ihren
Kanzler, an den Pfarrer und an den Hofprediger der Grafen zu
Sondershausen, an die Mutter der Grafen und andere Personen. Die Räte der Grafen v. Stolberg ermunterten den
Neander, er möge ja nicht das Kloster verlassen. Der Pfarrer
M. Mortitius, der Hofprediger M. Wolfgang Müller und der
Kanzler Apollo Wigand zu Sondershausen schrieben an Graf
Hansen, der Pfarrer M. Mortitius schrieb an Graf Günther
v. Schwarzburg allein: Sie möchten sich ja nicht an des Kloster
Ilselds Gütern zu Kirchengel und Hohenebra vergreifen und
dadurch die Klosterschule zerstören und sich daburch Schimpf
und Schande als Zerstörer christlicher und nützlicher Schulen zu-
ziehen, ihr Gewissen beschweren und Gottes Zorn und Ungnade auf sich laden. Graf Hans erklärte ihnen, er wolle
und könne ohne seines Bruders Wissen und Willen Nichts
thun und versprechen. Graf Günther aber schickte einen seiner
Räte an Neander ab. Dieser lag krank, als der Gesandte
morgens früh 5 Uhr vor sein Bett trat und ihm mitteilte, was
seiner Herren Begehr sei: Neander solle sich zu ihnen begeben;
sie wollten ihn sein Leblang versorgen und unterhalten, wenn
er ihnen die Klostergüter lasse. Neander entgegnete: „Mein
seliger Herr, Abt Thomas, hat mich auf seinem Totenbette mit
vielen Zähren gebeten, nach seinem Tode Kloster, Schule und
Haushalt helfen zu erhalten, hat mir aber keinen Befehl gegeben, Schule und Kloster zu verraten und zu verkaufen.“
Der gräfliche Rat entgegnete: „Ich hab's meinen Herren zuvor
gesagt; will's ihnen vermelden. Gott stärke und helfe Euch.“
Neander begab sich nunmehr auf die Reise, zog nach Meißen
zu Georg Fabricius und klagte ihm seine Not; der erklärte
ihm: „Ihr habt mit großen Leuten zu thun und bedürft wohl
Hilfe und Rat, aber ich kann Euch nicht raten.“ So reiste
Neander weiter nach Dresden zu den kursächsischen Leibärzten
Dr. Johannes und Dr. Casparn, welche ihm jedoch wenig
Tröstliches sagen konnten und ihm rieten, er möge die Schwarzburger, die beim Kurfürsten in großen Gnaden ständen, un-
angefochten lassen und eine gute Abfindung von ihnen an-

nehmen. Hierauf begab sich Neander zu Philipp Melanchthon nach Wittenberg. der predigte ihm fast ebenso und sprach: „Wenn ich höre, wie sich die Herren in die Klostergüter teilen, so gedenke ich des alten griechischen Verses: „Wer Vieles gestohlen, wird (der Strafe) entfliehen, wenn er Einiges schenkt." Große Herren, wenn sie die Klostergüter an sich reißen und geben etwa einem Pfarrer oder Schulmeister Besoldung davon, so meinen sie, sie haben wohl gebüßt. Das Andere fressen ihre Reiter, Pferde und Hunde, damit ja kein Segen und Gedeihen dabei ist. Ich gedenke oft an Euch, denn Ihr schickt uns feine, gelehrte Schüler aus Eurer Schule hierher nach Wittenberg; es ist zu beklagen, daß die Klosterschule fallen soll; ich will wohl an die Grafen v. Schwarzburg schreiben, aber ich werde nichts erhalten; ich kenne die Höfe besser, als sie Jemand kennt. Aber, mein lieber Neander, betet fleißig und haltet an mit Beten und Flehen; wer weiß, was Gott noch geben wird." Mit so üblem Troste kehrte Neander nach Ilfeld zurück. Unter Zustimmung des gräflich Stolbergschen Rates Dr. Franz Schüßler strengte nunmehr Neander Klage beim Reichskammergerichte gegen die Grafen v. Schwarzburg auf Herausgabe der Klosterhöfe Kirchengel und Hohenebra an. Graf Günther war höchlichst erzürnt über den hartnäckigen Schulmeister, der nicht nach seinem Willen thun wollte. In der Zeit ließen die beiden Grafen Heinrich und Christoph v. Stolberg den Neander zu sich auf das Haus Hohnstein kommen und teilten ihm mit, Graf Günther v. Schwarzburg wäre heftig über ihn bewogen und klage, Neander habe ihn einen Kirchenräuber gescholten. Das wolle er ihm nicht lassen gut hingehen; es sollte ihn ein Schulmeister zu Ilfeld nicht zwingen und zurechte bringen und wenn er 20000 Gulden daran wenden sollte. Neander sollte sich deshalb hüten und vorsehen. Neander antwortete den Grafen unerschrocken, er habe Graf Günthern kein Leid gethan, sondern habe ihm nur geschrieben, was er dem Herrn Abte Thomas angelobt; sollte er nun darüber leiden, so müsse er's Gott befehlen, der ihn wohl schützen werde. 1560 am 21. März bekennen M. Michael Neander Rektor und Wilhelm Wille Verwalter des Klosters und Stifts Ilfeld, daß Er Jakob Lüder Pfarrherr und die Altarleute zu Hermannsagter eine Verschreibung des Grafen Heinrich v. Hohnstein v. J. 1253 gehabt, in welcher die Getreidezinsen verzeichnet standen, welche ehemals der Kirche Vockerode, dann aber der zu Hermannsagker zugeordnet und zur Unterhaltung der Pfarrei daselbst gehörig sind. Weil aber dieser 307 Jahre alte Brief etwas schadhaft, wandelbar und unleserlich geworden, jene Zinsen und die Hufen, von denen sie fallen, vom Stifte Ilfeld zu Lehen gehen, auch in dessen alten Erbregistern sich ausführlich eingetragen finden, so daß sie mit Graf Heinrichs Briefe klar übereinstimmen: so erneuern M. Neander und Wilhelm Wille das Verzeichnis dieser Getreidezinsen aus Ustrungen und belehnen die Kirche und Pfarrei Hermannsagker von Neuem mit denselben unter der Bedingung, daß in der Gemeinde zu Hermannsagker das heilige Evangelium rein, lauter und christlich gelehrt und geprebigt werde. Vom Reichskammergerichte wurde Neander für einen Verwalter des Klosters Ilfeld und als ein Vertreter des letzten Abts in allen Dingen angenommen, anerkannt und bestätigt. Nachdem er dem Doktor Portius, des Kloster Ilfeld Syndicus am Reichskammergerichte, einmal 15 Goldgulben und das andere Mal 10 Goldgulden gesandt, erfolgten balb eilends darauf etliche gute Urtel des Reichskammergerichts. Die Schwarzburger Grafenbrüder, veranlaßt durch die ihnen gemachten Vorstellungen und zugekommenen Mitteilungen über den Stand der Klagen beim Reichskammergerichte, riefen den erbverbrüderten Grafen Ernst v. Hohnstein-Lohra-Klettenberg als Vermittler an. Dieser unterzog sich der Sache und nach längeren Verhandlungen wurde von ihm am 15. Dezember 1561 zu Nordhausen der Streit dahin beigelegt: die Schwarzburger Grafen gaben den Ilfelder Klosterhof Kirchengel mit Zubehör an den Verwalter Neander des Klosters Ilfeld zurück. Letzterer verpflichtete sich dagegen, den Grafen v. Schwarzburg jährlich außer den 52 Marktscheffeln hart Getreide noch 60 Gulden auf St. Michaelistag zu zahlen und 4 Knaben aus der Grafschaft Schwarzburg in die Klosterschule Ilfeld aufzunehmen und mit Lehre, Notdurft und Unterhalt gleich anderen Knaben zu versorgen. Die Prozesse am Reichskammergerichte sollten zurückgenommen und die von den Schwarzburger Grafen innerhalb der 3 Jahre eingenommenen Nutzungen nicht gefordert werden. Wenn die Ilfelder Klosterschule einginge und das Kloster säkularisiert werde, sollte der Klosterhof Kirchengel mit seinen zugehörigen Gütern an Schwarzburg fallen. Nachdem Neanders Stellung so reichsrechtlich und wirthschaftlich gesichert war, gründete er im Frühjahr des folgenden Jahres

einen eigenen Hausstand, indem er am 25. Mai 1562 des
verstorbenen Nordhäuser Bürgers Heinrich Winkelers Tochter,
Jungfrau Anna Winkeler, Wase (Verwandte) der wohlgelahr-
ten und wohlerbaren Bürger Erasmus und Conrad Schmidt,
heiratete. Zu seiner Hochzeit, die in des Bürgermeisters
Erasmus Schmidt Hause stattfand, lud er seine gnädigen
Herren und Patrone, die Grafen Ludwig, Albrecht, Georg
Heinrich und Christoph v. Stolberg, ein. Im Jahre 1562
versuchte der Prämonstratenserorden, das Kloster Ilfeld wieder
in seine Hände zu bekommen. Der Orden wollte den Ordens-
bruder Johannes von der Porzen als Abt nach Ilfeld bringen.
Durch den Bruder desselben, den Amtmann Jakob von der
Porzen zu Kempen, ließ der Orden einen Brief an den Erzbischof Johann Gerhard (Grafen v. Mansfeld) und an den
Domdechanten Friedrich (Grafen v. Wied) v. Köln richten,
sie möchten Fürbitte beim Grafen Ludwig v. Stolberg einlegen
und anfragen, ob er den vom Orden gewählten Johannes v.
b. Porzen als Abt v. Ilfeld zulassen wolle. Der Kölner
Erzbischof und Domdechant schrieben auch an Graf Ludwig v.
Stolberg-Königstein. Dieser berichtete am 17. August 1562
die Sache an seinen Bruder Albrecht Georg v. Stolberg und
riet, er möge im Namen aller Grafen v. Stolberg antworten,
Kloster Ilfeld sei vor dem Passauer Frieden der Reformation
zugetreten und des Klosters Einkünfte seien zu einer guten Schule,
also zu einem milden, christlichen Zwecke, angewendet worden,
was der Passauer Vertrag bestätige und bekräftige; sie könnten dawider nichts gestatten noch nachgeben. Auch Rektor
und Schule sollten an sämtliche Grafen v. Stolberg schreiben
und bitten, Kloster und Schule Ilfeld bei dem Paussauer
Frieden zu schützen. Letzteres hat denn Neander auch gethan*),

---

*) Aus dem Briefe Neanders und seiner Schüler an die Grafen
v. Stolberg teilt Leuckfeld in seinen Antiqu. Ilfeld. p. 113 Folgendes mit: „Ihre Gnaden wollten doch das Kloster und die in
ihm wohlbestellte und in vielen Orten berufene Schule gnädiglich
schützen und solche nicht wider des Reichs aufgerichtete Ordnung
des Passauer Vertrags und das Weinen und Seufzen des seligen
Abts verändern, sondern wie solche Schule schon 14 Jahre
bestanden, so möchten sie solche auch bleiben lassen, sintemal sie
solche Veränderung nicht würden vor Gott verantworten können,
daß die arme Jugend, welche so wohl unterrichtet und damit viel
Kirchen und Schulen gedienet worden, so ausgewiesen würde. Es
würde sie alsdann der Fluch des verstorbenen Abts treffen, der das

und die Grafen v. Stolberg haben im Sinne Graf Ludwigs an den Kölner Erzbischof und Domdechanten berichtet und damit die Versuche des Prämonstratenserordens zu einer Gegenreformation des Klosters Ilfeld vereitelt. (Zeitschrift des Harzvereins XXVI. S. 191—206.)

Im Jahre 1562 stellten die Grafen Ludwig und Albrecht Georg v. Stolberg in ihrem Namen und in dem ihrer Vettern, der unmündigen Grafenbrüder Wolf Ernst, Botho, Johann und Heinrich als Schutzherren des Klosters und der Schule, dem Neander eine Bestallung aus: „Nachdem der ehrbare und wohlgelarte Michael Neander aus Sorau, der freien Künste Magister, vom Abte Thomas zu Ilfeld zum Rektor seiner angerichteten Schule eingesetzt und der Schule in die 12 Jahr mit viel Nutz vorgestanden, auch die in fremden Herrschaften gelegenen Klostergüter erhalten hat, haben wir ihn vermocht, daß er versprochen und bewilligt, sein Lebelang und so lange er es zu thun vermag, an unserer Schule als ein Rektor zu bleiben. Dagegen haben wir (die Grafen) ihn zu einem Rektor und Verwalter des Klosters, der Schule und des Stiftes Ilfeld und als Vertreter des verstorbenen Abts in allen Dingen bestätigt. Zur Besoldung sollen ihm aus des Klosters Gütern jährlich gereicht werden 100 Gulden, freier Tisch für sich und seine Familie und Gesinde, 12 Marktscheffel Getreide (4 Weizen, 3 Roggen, 4 Gerste, 1 Hafer), 2 Schock Roggenstroh, 3 Schock Gerstenstroh und 3 Schock Schüttenstroh zu Häckerling, 3 jährige Schweine, Land zu 2 Scheffeln Lein (Flachs) oder zu 2 Scheffeln Rübsamen, das Heu und Grumt von der schmalen Wiese und frei Feuerwerk an Holz und Kohlen. Nach seinem Tode soll seiner Witwe und Familie die Besoldung Neanders noch 1 Jahr gereicht werden. Sollte Neander wegen Alters oder Schwachheit die Schularbeit nicht mehr verrichten können, oder sollte die Schule — wie doch, ob Gott will, nicht geschehen soll —, so sollte er als Pension sein Lebelang jährlich aus dem Klosterhofe zu Nordhausen oder vom Klostervorwerk zu Giersbach (Görsbach) erhalten 3

Kloster in eine Schule verändert; hingegen sehe man bei der Schule großen Segen, so daß schon 40 Knaben erhalten werden könnten: daher möchten sie den Nutz der Schule bedenken helfen und dieselbe wie bis anhero bei ihrem vom Reich empfangenen Privilegio und anderen Verträgen, so im Beisein dreier Herren Räte aufgerichtet, verbrieft und versiegelt worden, gnädig schützen und handhaben."

Marktscheffel Weizen und 3 Marktscheffel Roggen und aus des Klosters Gehölzen 6 Fuder Feuerholz. Über Aufnahme und Entlassung der Schüler sollte Neander freie Macht haben, doch sollte er die Schüler, welche wir (die Grafen) in die Schule vorschreiben, vor andern aufnehmen und befördern. Dagegen hat uns Neander zugesagt, daß er sein Lebenlang und so lang er Gesundheit halber die Arbeit vermag, bei der Schulen zu Eylefeld bleiben und derselben vorstehen, die Jugend in guten Künsten, lateinischer, griechischer und hebräischer Sprachen unterrichten und in Gottesfurcht, Zucht und Ehrbarkeit fleißig unterweisen will. Wir aber wollen ihn und die Schule bei Gleich und Recht schützen und handhaben." (Vollständig ist diese Bestallung Neanders nach dem im Gemeinschaftsarchive zu Stolberg befindlichen Originale gedruckt im Jahresberichte über das Königliche Pädagogium zu Ilfeld 1873 in „Neanders Bericht vom Kloster Ilfeld" von Dr. Bouterwek.) 1565 am 20. September erlangte die Reichsstadt Nordhausen vom Kaiser Maximilian II. das Recht, den Ilfelder Klosterhof zu Nordhausen zu den bürgerlichen Lasten und Pflichten, Steuern usw. heranzuziehen. 1574 verkaufte Graf Volkmar Wolf v. Hohnstein-Lohra-Klettenberg auf Wiederverkauf für 200 Reichsthaler dem achtbarn und ehrbarn M. Michael Neander, Rektor und Verwalter der Schule und des Stifts Ilfeld, das Dienstgeld, so der Ilfelder Klosterhof zu Großen Werther, den Hans Unkerodt um einen Jahrespacht inne hat, zu geben hatte, und die Zollschafe, also, daß der Hofmeister dieses Ilfelder Gutes 200 Schafe zollfrei halten durfte. Kurz nach dieser Zeit starb Heinrich v. Sundhausen ohne Mannesleibeserben, infolgedessen die von ihm, seinem Vater und Großvater als Lehen besessenen 12 Ilfelder Hufen zu Sundhausen dem Kloster heimfielen. Ein Seitenverwandter des Verstorbenen, Ludolf v. Sundhausen, beanspruchte diese 12 Hufen als Lehen, aber Neander versagte ihm die Forderung wegen Mangels einer Mitbelehnung. Graf Hans v. Schwarzburg drängte den Neander, dem Ludolf die Hufen nicht zu geben, damit dieser nicht auf seinem Gute zu Sundhausen (die jetzige „Karlsburg"), welches nur 6 Hufen Landes hatte, haushalten könne. Neander geriet dadurch in ärgerliches Zerwürfnis mit Graf Hansen und mit Ludolf v. Sundhausen. Letzterer erschien eines Tages mit mehreren Junkern, unter denen der v. Gabenstedt und Asche v. Holla sich befanden, im Kloster Ilfeld, um Neander zur

Belehnung mit den 12 Hufen zu bewegen. Neander erklärte,
dieses herrlich schöne Stück nicht wieder als erbliches Lehen
um 12 Marktscheffel Jahreszins vergeben, sondern nur pacht-
weise auf eine Anzahl Jahre gegen einen höheren Jahrespacht
vermiethern zu wollen. Asche v. Holla aber forderte, Neander
solle den Ludolf v. S. mit den 12 Hufen belehnen und sofort
das zusagen. Als Neander sich weigerte, geriet Asche in Zorn,
nahm seine große, starke, güldene Kette von starken Gelenken,
die er in der Hand hatte und hin und her warf, und schmiß
dieselbe dem Neander, der nur ein dünnes Obergewand anhatte,
dermaßen um die Lenden, daß er beinah umfiel und den
Schmerz wohl 14 Tage lang fühlte. Neander sagte betrübt:
„Junker, was sind das für Händel? Wollt ihr scherzen, so
scherzet also, daß ichs ertragen kann. Zwingen werdet ihr
mich nicht zu dem, das ich weder thun noch verantworten
kann.“ Die Junker aßen sodann noch im Kloster das Morgen-
brot und ritten schließlich nach Sundhausen. Neander aber
verfiel aus Schrecken und Betrübnis über den Schlag in ein
Fieber. Nach einigen Tagen kam morgens vor 7 Uhr ein
Reiter vor Neanders Haus geritten, klopfte an und meldete
Neanders Frau, ihr Mann solle eilends zu Aschen v. Holla
vors (Kloster-) Thor hinauskommen. Neanders Frau antwortete dem Reiter, ihr Mann sei krank und könne nicht
kommen. Da kam Asche v. Holla mit zwei andern Reitern
ins Kloster geritten, hatte zwei Faustbüchsen (Pistolen) am
Sattel und ein lang (Feuer-)Rohr aufgerichtet in der Hand.
Neander machte sich aus dem Bette, warf einen Pelz über
und sah zum Fenster hinaus. Asche v. Holla gab anfänglich
gute Worte für Ludolf v. Sundhausen. Als aber Neander
ihm kurz mitteilte, aus welchen Gründen er zur Zeit Ludolfen
v. S. noch nichts bewilligen könne, ergrimmte Asche und rief:
„Nun, Magister, ich wills Euch nicht schenken, sondern ge-
benken, oder mich soll der Teufel holen.“ Neander antwortete:
„Junker, davor behüte Euch Gott. Der Sachen wird sonst
wohl Rat.“ Asche v. Holla rannte aber mit seinen Begleitern
wie toll zum Kloster hinaus und ließ sich bei vielen vornehmen Leuten vernehmen, er habe dem Magister zu Ilfeld
etwas geschworen, das wolle er ihm halten oder wollte kein
Asche von Holle sein. Neander erhielt auch von einem guten
Freunde einen von Aschen geschriebenen Brief, in welchem derselbe
drohte, er wolle dem Magister zu Ilfeld den Kopf einschlagen

Meyer, Kloster Ilfeld.   7 und wenn er noch so viel Lateinisch, Griechisch und Hebräisch darin habe. Graf Albrecht von Stolberg kam bald darauf nach Ilfeld und sagte lächelnd zu Neander: „Magister, wie steht Ihr mit Asche v. Holle? Er ist greulich auf Euch erzürnt. Ich wollte nicht gerne, daß Ihr zu ihm kommt. Er sagt für gewiß aus, Ihr hättet ihm (für Ludolf von S.) die 12 Hufen zugesagt, aber wolltets nun nicht halten. Er hätte Euch für einen andern Mann angesehen; er wills Euch nicht lassen gut sein. Ihr werdet ihm halten müssen, wollet Ihr seiner los werden." Neander berichtete dem Grafen den wahren Sachverhalt und bat ihn um Schutz und Beistand, damit dieser Zank beigelegt werde ohne des Klosters Schaden. Am 18. März 1576 wurde die Sache durch folgenden Vertrag beigelegt: „Nachdem 1575 am Johannistag Heinrich, Balthasars Sohn, v. Sundhausen verstorben und dessen Ilfelder Lehnsgut dem Kloster und der Schule Ilfeld heimgefallen samt dem Hofe und dem Fischwasser der Helme von der Rodebrücken bis Sundhausen, haben des Klosters Herrschaften, die Grafen v. Stolberg und v. Schwarzburg, die 12 Ilfelder Hufen abmessen und richtig stellen lassen, auch am 9. März 1576 zu Sundhausen die Besitzergreifung vermittelt. Infolgedessen vermeiert die Schule Ilfeld obiges Gut dem Ludolf v. Sundhausen gegen den „liederlichen" Zins (da Andere das Doppelte geboten) von 24 Marktscheffeln (6 Weizen, 6 Gemangkorn, 6 Roggen, 6 Gerste), nach Nordhausen in den Ilfelder Schulhof zu liefern, auf 9 Jahre mit Consens der Herrschaften Stolberg und Schwarzburg." 1577 am 18. Januar verkaufte M. Michael Neander, Rektor und Vorsteher zu Ilfeld, für 200 Reichsthaler dem Dr. Valentin Meder, Stolberger Rat und der Ilfelder Schule günstigen Herrn und großen Freund, 2 Hufen Landes des freien Ritterguts vor Uftrungen, welche dem Kloster und der Schule Ilfeld nach dem Absterben Friedrichs v. Tütcherode heimgefallen. Für die 200 Thaler hat M. Neander die Jauchswiese (bei Appenrode) aus Heinrichs v. d. Werna Besitz eingelöst und wieder zur Haushaltung der Klosterschule gebracht. Dr. Meder sollte die 2 Hufen als Erblehen vom Kloster und vom Rektor der Schule gegen 2 Thaler Lehengeld und 18 Pfg. Schreibgeld für den (Lehen-) Fall empfangen und besitzen. — Neander baute das alte Klostervorwerk Birkenmoor wieder auf und besetzte es mit dem nötigen Vieh und verpachtete es 1580 auf neun Jahre an

Martin Dietrich für einen Jahreszins von 7 Tonnen Butter (jede zu 214 Pfund) und 14 Tonnen Käse.

Als Kursachsen (1584) die Burg Hohnstein belagern wollte, ließ Graf Albrecht v. Stolberg den Neander ersuchen, er möge, damit seine Feinde, wenn sie das Kloster besetzen würden, Nichts in demselben fänden, allen Vorrat von Fleisch, Speck, Würsten, Schmalz, Butter, Käse, Wein und Bier aus dem Kloster aufs Haus Hohnstein führen lassen, denn es sei ein unbillig Ding, daß man seine Feinde im Kloster und aus dem Kloster wider ihn unterhalten sollte, damit sie ihn und die Seinen desto mehr beleibigen könnten. Neander aber, obwohl ihm bis auf die Haut graute, ging darauf nicht ein, um die Schule und die Schüler erhalten zu können. Er hatte recht daran gethan. Hätte er des Klosters Vorrat auf die Burg Hohnstein geschafft, so hätten die Braunschweigischen Kriegsleute, die nach der am 27. Januar 1585 zu Quedlinburg durch Kursachsen erfolgten Gefangennahme und Wegführung der Grafen Albrecht Georg und Wolf Ernst v. Stolberg nach Dresden auf die Burg Hohnstein gelegt wurden, gewiß nicht dem Kloster zurückgegeben, sondern Alles aufgezehrt. (Bouterwel, Neanders Bericht vom Kloster Ilfeld.)

Zu Neanders Zeiten wurde das Klostervorwerk Königerode zweimal ausgeplündert. Von 4 Eichsfeldern wurde Neander eines Tages bei Ilfeld umringt, um ihn gefangen zu nehmen; es gelang ihm jedoch, durch ein Loch in des Klosters Hopfenberge zu entwischen. Die Pest wütete 4 bis 5 mal in Ilfeld, selbst in der Schule. Da präparierte er allerlei Arzneien für die Kranken in der Schule, im Flecken und in der Umgegend. Die Zahl der Klosterschüler betrug unter Neander durchschnittlich 30, steigerte sich aber oft durch Hospitanten aus Liebland, Schweden, Polen, Ungarn, Siebenbürgen, Frankreich und Holland auf 40. Die Zahl der Neanderschüler beträgt rund 510 (darunter waren 121 Schwarzburger, 115 Stolberger und 55 Nordhäuser). Der Schule gab er am 4. Juli 1580 besondere Schulgesetze, die er 1584 durch Zusätze vermehrte. Fast alle berühmten Schulmänner damaliger Zeit lehrten nach Neanders Methode und gebrauchten seine Lehrbücher, die er in großer Anzahl verfaßt. Er hat bei seinen Lebzeiten 35 Bücher drucken lassen und außerdem 14 als Manuskripte hinterlassen. Er legte den Grund zu der Ilfelder Klosterschul-Bibliothek und brachte eine vorzügliche eigene Bibliothek zusammen (die nach seinem Tode an den Halberstädter Arzt Dr. Budäus, seinen Schüler, und dann 1624 in die Halberstädter Stiftsbibliothek kam). Im Jahre 1589 stellte Neander noch ein Verzeichnis der Ilfelder Klostereinkünfte zusammen und schrieb einen Haushalts-Anschlag für die Klosterschule Ilfeld. Es kamen jährlich ein an Weizen: 98 Marktscheffel 1 Scheffel und $1^1/_4$ Metze, an Gemangkorn: 63 Marktscheffel 3 Scheffel, an Roggen: 244 Marktscheffel $8^3/_4$ Scheffel, an Gerste: 242 Marktscheffel $5^3/_4$ Scheffel und $^1/_2$ Metze; in Summa 646 Marktscheffel $7^1/_4$ Scheffel; ferner an Hafer 233 Marktscheffel $7^1/_2$ Scheffel 1 Metze. Das vornehmste Klostergut Kirchengel lieferte davon allein jährlich 266 Marktscheffel $3^1/_2$ Scheffel $^1/_2$ Metze Getreide an Weizen, Gemangkorn, Roggen und Gerste und $88^1/_2$ Marktscheffel Hafer, also in Summa 354 Marktscheffel $9^1/_2$ Scheffel und $^1/_8$ Metze. Außerdem hatte das Kloster noch jährliche Zinsen an Geld, Michaelis- und Fastnachtshühnern, Gänsen, Tauben, Weißkohl, Rüben, Erbsen, Lammsbäuchen, Siegelwachs zu beziehen. (Die älteste Zinsrolle des Klosters befindet sich auf der Bibliothek der Universität Halle; dieselbe stammt aus der Zeit von 1305 — 1347 und ist vom Prof. Dr. Kühlewein in der Festschrift zur Jubelfeier des 350-jährigen Bestehens der Klosterschule Ilfeld 1896 veröffentlicht worden.)

Neander hatte sich mit den Jahren immer mehr von den Verwaltungsgeschäften zurückgezogen. Sei es, daß sein zunehmendes Leiden (er schreibt 1589 von sich, „daß er zu Zeiten also abgemattet, daß er ausgesehen wie ein Geist, auch podagricus et calculosus und ruptus in 2 Örtern darüber worden, daß er auch ohne einen gedoppelten Bund nicht einen Schritt lang fortgehen könne, doch ziemlich wohl auf sei") ihm körperliche Bewegung erschwerte, oder daß seine literarische Thätigkeit seine Zeit mehr in Anspruch nahm („er verweilte am liebsten ungestört in seinem Musaeo"); er überließ die Sorge für das Rechnungswesen, für den Haushalt und die Verpflegung der Willkür von Dienern, die sein Vertrauen schnöde mißbrauchten. Endlich sah sich Graf Heinrich v. Stolberg veranlaßt, gegen die einreißende Unordnung und Veruntreuung einzuschreiten. Es erfolgte eine energische Regelung und Reformation auf allen Gebieten; nur der Unterricht des Magisters blieb unangetastet. Aus dieser Zeit stammen die „dem Flecken Ilfeld erteilte Ordnung, die Forstordnung des Grafen Heinrich,

die Schulordnung vom Jahre 1590", wahrscheinlich auch „die
Speiseordnung und des Klosters Ilfeld Ordnunge v. 27. Oc-
tober 1589." Zugleich wurde in der Person des Hieronymus
Gruner ein gräflicher Verwaltungsbeamter dem Neander zur
Seite gesetzt (Herbst 1589). Da sich Gruner wegen seiner
hochfahrenden Tyrannei bei den Lehrern, den Schülern und
beim Klostergesinde allgemein verhaßt machte, Neander die
Beschwerden der Schüler aber nicht abstellen wollte oder konnte,
so wanderte am 13. Februar 1590 der gesamte Cötus aus
der Ilfelder Schule. Neander fühlte sich in diesen aufregenden
Kämpfen seiner Stellung nicht mehr gewachsen; er schrieb am
15. März 1590 an den Grafen Wolfgang Ernst v. Stolberg:
„Ich werde gar baufällig, alt, krank und schwach, und bin auf
meine alten Tage oft sehr betrübt, gekränkt und erschreckt, so
daß ich vor der Zeit sterben muß". Er bat um die Berufung
seines ehemaligen Schülers Cajus (Kahe, damals Rektor der
Klosterschule Ilsenburg) als Konrektor nach Ilfeld. Dieser
Bitte wurde stattgegeben. Ostern 1590 trat Cajus in Ilfeld
ein und übernahm einen großen Teil des Unterrichts und die
Aufsicht über die Schüler, welche sämtlich neu eingetreten
waren. Am 12. August 1590 erbat Neander in einem
Schreiben an einen Grafen v. Stolberg die Absetzung des
gräulich bösen, hoffärtigen und giftigen Hieronymus Gruber,
der die Schüler verjagt habe, und die Einsetzung eines ver-
nünftigen, verständigen, bescheidenen Mannes als Klosterver-
walter. (Dr. Kühlewein, Mitteilungen zur ältesten Geschichte der Klosterschule im Jahresberichte der Klosterschule
Ilfeld 1886.) Neander starb 1595 am 26. April, Sonn-
abends nach Ostern, Nachmittags 5 Uhr, 70 Jahr alt. Neander wurde am 28. April 1595 in der Klosterkirche neben
seinem Freunde, dem letzten Abte Thomas, in Gegenwart Graf
Heinrichs v. Stolberg, der gräflichen Räte und der Prediger
aus Stolberg, Heringen, Ellrich, Walkenried und aus der
ganzen Herrschaft Hohnstein begraben. Der Ilfelder Prediger
Valentin Mylius hielt ihm die Leichenrede. Sein an einem
Pfeiler nahe der Kanzel in der früheren Klosterkirche gestan-
denes (jetzt in der s. g. Krypta der Klosterschule aufbewahrtes)
steinernes Epitaphium zeigt sein Bild in geistlichem Ornate
und die Inschrift: „Juxta hunc lapidem in tumulo requiescit
reverendus vir M. Michael Neander Soraviensis, rector et
antistes monasterii et scholae Ilfeldensis ad annos 45.

doctissimus, fidelissimus et celeberrimus, maxime pius et munificentissimus in scholam, ecclesiam et pauperes. Obiit autem anno aetatis suae 70. Christi vero 1595. 26. die Aprilis. Ilfeldae." Er hinterließ von seiner Frau Anna Winkler aus Nordhausen 2 Söhne (Michael, Arzt und Apotheker in Nordhausen, Johann, Arzt und Apotheker) und 2 Töchter (Anna, Gattin des Nordhäuser Arztes Dr. Matthias Ernst, und Marie, Gattin des Nordhäuser Bürgers David Speiser). Neanders Familie zog nach Nordhausen. In der Nachkommenschaft erbte ein lebensgroßes Ölgemälde Neanders fort, welches sich jetzt im Städtischen Museum zu Nordhausen befindet.

22. Der Klosterschulrektor Cajus.

Johannes Cajus (Caba) aus Königstein in Hessen bei Frankfurt a. M., seit Ostern 1590 Konrektor in Ilfeld, hatte 1592 eine Schwestertochter v. Neanders Frau, Marie, Tochter des Nordhäuser Ratsherrn Franz Pfeifer, geheiratet, und wurde vom Grafen Heinrich v. Stolberg am 29. April 1595 (am folgenden Tage nach Neanders Begräbnisse) zum Rektor der Ilfelder Klosterschule und Stiftsadministrator bestellt. Cajus verpachtete gleich zu Anfang seiner Verwaltung das Vorwerk Birkenmoor auf 6 Jahre an Cyriax Liesegang für einen Jahreszins von 4 Tonnen (jede zu 224 Pfund) Butter und 8 Tonnen Käse. Zu Martini 1595 verkaufte Graf Heinrich v. Stolberg und Hohnstein seinem Stifte und seiner Schule Ilfeld alle seine an den Unterthanen des Dorfes Appenrode habenden Dienste, außer Folge und andere Gerechtigkeiten, wiederkäuflich für 1000 Thaler, so ihm des Stifts Rektor M. Johann Cajus und Verwalter Gangloff Kellermann zugezahlt hatten. Die Appenröder mußten fortan die Dienste auf dem Ilfelder Klostergute Königerode leisten (bis 1589, wo sie wieder zum Amte Hohnstein gezogen wurden). 1597 am 7. Mai verkauften M. Johann Cajus Rektor und Gangloff Kellermann Verwalter des Stifts Ilfeld 1 Haus und Hof mit 12 Hufen zu Sundhausen und mit der Fischerei in der Helme von der Robebrücken bis Sundhausen für 1114 Gulden 6 Groschen als Erbzinsgut und gegen einen Jahreszins von 6 Marktscheffel Weizen, 6 Mschl. Roggen, 6 Mschl. Gemangkorn, 6 Mschl. Gerste und 6 Mschl. Hafer, welcher an des

Stifts Hof zu Nordhausen zu liefern war, an Johann Kellner. 1598 Donnerstag nach Pfingsten erborgte Graf Heinrich v. Stolberg vom Rektor Johann Cajus und Verwalter Gangloff Kellermann des Klosters Jlfeld 4000 Gulden und verpfändete dafür dem Kloster die große und kleine Merckelsbach und die große und kleine Lindenhöhle, nach der gräflichen Holzordnung bis zum Abtrage der Schuldsumme zu gebrauchen. Als Braunschweig dem Grafen Heinrich v. Stolberg die Burg und das Amt Hohnstein Schulden halber entzogen und dem v. Schleinitz als Pfandgut übergeben hatte, war Graf Heinrich in das Kloster Jlfeld gezogen und hatte sich von dessen Einkünften unterhalten lassen, was dem Kloster 13958 Gulden 14 Groschen gekostet hatte. Auf Befehl des Herzogs Heinrich Julius v. Braunschweig ließ Cajus am 9. November 1602 die vom Grafen Heinrich v. Stolberg im Kloster bewohnten Gemächer in Besitz nehmen und nötigte so den Grafen zum Auszuge. Des Grafen Beschwerden bei Kursachsen und Prozesse beim Reichskammergerichte in dieser Sache hatten keinen Erfolg. Herzog Heinrich Julius v. Braunschweig ließ sich vielmehr 1603 die Burg und Herrschaft Hohnstein von dem v. Schleinitz abtreten. Jm 30-jährigen Kriege nahmen die Kaiserlichen unter der Führung des Herzogs v. Harß Burg und Herrschaft Hohnstein in Besitz, infolgedessen am 9. November 1625 die 30 Klosterschüler mit ihren Lehrern das Kloster Jlfeld unter Thränen verlassen mußten. Wegen Verwüstung des Klosters durch die kaiserlichen Reiter konnte kein Einziger von ihnen im Kloster zurückbleiben.

Kaiser Ferdinand II. nahm die Herrschaft Hohnstein und die Grafschaft Hohnstein-Klettenberg-Lohra dem Hause Braunschweig weg und gab sie 1628 dem Grafen Simon Christoph v. Thun für 60000 Gulden als Lehen. Cajus erhielt den Befehl, am 13. April genannten Jahres zu Bleicherode vor dem kaiserlichen Kriegsobersten David Becker, Freiherrn v. der Ehre, unausbleiblich zu erscheinen, um dem Grafen v. Thun die Huldigung zu leisten. Da Cajus wegen Krankheit der Ladung nicht Folge leisten konnte (oder wohl auch nicht wollte), so schickte er den Klosterküchenschreiber Andreas Birkenstock dahin, welcher gegen seinen Willen durch Handschlag die Huldigung leisten mußte. Das Kloster Jlfeld wurde wie im Jahre 1627 mit 7-facher Kontribution belegt, während der Ritterstand der Grafschaft nur mit doppelter belegt wurde. Cajus sah nicht

nur des Klosters Geldvorrat schwinden, sondern war sogar
genötigt, 200 Thaler Schulden zu machen, vermochte aber
trotzdem die rückständigen Kontributionsgelder nicht vollständig
zu zahlen, weshalb kaiserliche Reiter in das Kloster Ilfeld und
auf dessen Klostergüter zu Hesserode und zu Kleinwechsungen auf
Exekution gelegt wurden, bis Cajus 600 Thaler nach Bleicherode geschickt hatte. Außerdem mußte er im November das
von den Kaiserlichen weggenommene Klostervieh mit 200 Spezies-
thalern auslösen. Gegen Ende des Jahres 1628 eröffnete
Cajus die Klosterschule Ilfeld wieder mit 7 Schülern; aber
schon am 19. Januar 1629 mußten dieselben mit ihren
Lehrern wieder ausziehen, weil an jenem Tage der Prämonstratenserorden das Kloster Ilfeld in Besitz nahm. Der
kaiserliche Rat und Prämonstratenserabt Kaspar v. Questenberg
aus Prag erschien mit mehreren Ordensherren als kaiserliche
Kommissarien und in Begleitung einer guten Anzahl Kroaten
und 4 Prämonstratensermönchen und nahmen, nachdem sie den
Ilfelder Klosterhof zu Nordhausen in Besitz genommen hatten,
das Kloster Ilfeld ein. In der Klosterkirche wurde Messe
gehalten und sodann das Kloster den 4 Ordensbrüdern Zacharias Bandhauer, Prosper Mariconi, Johannes Han und Barthold
Held übergeben. Der Protest des Herzogs Friedrich Ulrich
v. Braunschweig v. 29. Januar 1629 schickte Pater Zacharias
Bandhauer an den gräflich Thunschen Statthalter Paul Pethe
nach Bleicherode und sodann an den Abt und Generalvisitator
Kaspar v. Questenberg. Pater Zacharias verbot nun dem
Ilfelder Pastor Ernst Göttling, ferner in der Kirche das Lied
„Erhalt uns, Herr, bei deinem Wort und steur' des Papsts
und Türken Mord" singen zu lassen. Als im März 1629
auch der neue katholische Prämonstratenserabt v. Ilfeld Barthold
Nihusius ins Kloster kam, zog der Klosterrektor Cajus nach
Nordhausen. Dieses alles war eine Folge des am 6. März
1629 vom Kaiser erlassenen Restitutionsediktes.

23. Abt Nihusius.

Barthold Nihusius war von armen evangelischen Eltern
in der braunschweigischen Grafschaft Wolpe am Ende des 16.
Jahrhunderts geboren, hatte die Lateinschulen zu Verden und
Goslar besucht, 1607 die Universität Helmstedt bezogen und
fleißig studiert, wurde 1612 Magister, 1616 Hofmeister der

jungen Herrn Schenken v. Flechtlingen, mit denen er auf die
Universität Jena ging, dann war er bis 1622 Informator
der sächsischen Prinzen zu Weimar. Von Weimar ging er
nach Köln zu den Jesuiten, wurde katholisch und zum Priester
geweiht. Nach der Art der Apostaten eiferte und schrieb er
gegen seine ehemaligen evangelischen Glaubensgenossen. Nachdem er kurze Zeit Propst des Cisterzienserklosters und Jung-
frauenstifts zu Haldensleben im Magdeburgischen gewesen,
wurde er zum Abte v. Ilfeld bestellt. Als solcher suchte er
die katholische Religion und katholische Priester wieder in der
ganzen Grafschaft einzuführen. Graf Thun ernannte den Abt
Nihusius auf dessen Ansuchen im Mai 1629 zu seinem Be-
vollmächtigten in Kirchenpatronatssachen, die Pfarreien mit
katholischen Priestern zu besetzen, und trug seinem Statthalter
Paul Path (Pethe) v. Rietberg (Rieteburg) auf, dem Nihusius
dabei erforderlichen Falls mit militärischer Hülfe beizustehen.

Nun erklärte Abt Nihusius am 26. Mai dem Ilfelder
Prediger Ernst Göttling, er müsse entweder katholisch werden
oder seine Pfarrstelle verlassen. Göttling wählte das Letztere
und zog nach Nordhausen zu seinen Verwandten. Auf des
Nihusius Beschuldigung, Göttling habe von Tilly übel ge-
sprochen, wurde dieser mit 4 Wochen Arrest belegt. Nun
suchte Nihusius den Superintendenten Reimann zu Bleicherode
aus seinem Superintendentenamte zu verdrängen, zu dem dieser
durch den Herzog v. Braunschweig, nicht aber durch den Grafen
v. Thun bestellt worden war, und verbot ihm, die vakant gewordene Pfarrstelle zu Haferungen wieder mit einem evangelischen Pfarrer zu besetzen, schrieb auch bittere Schriften
gegen Reimann, weil dieser am 12. August 1628 einem Einwohner von Wiegersdorf, Alexius Eisentrauten, erlaubt hatte,
an Stelle seines entlaufenen Weibes eine andere Frau heiraten
zu dürfen. Reimann schwieg darauf nicht still, sondern warf
dem Nihusius Apostasie vor und forderte ihn auf, er möge
doch erklären, aus welchem Grunde er vom evangelischen Glauben
abgefallen sei. Auf seine Bitten erhielt Nihusius von den
kaiserlichen Kommissarien die Bestätigung als Abt v. Ilfeld
und vom Mainzer Weihbischofe zu Erfurt die Macht, Abso-
lution von der evangelischen Ketzerei zu erteilen. Nun suchte
Nihusius die Einwohner des Flecken Ilfeld und der Graf-
und Herrschaft Hohnstein zum Übertritte zur katholischen Kirche
zu bereden und zu bewegen und drückte die Evangelischen, so

viel er nur konnte. Da machte endlich König Gustav Adolfs
v. Schweden Sieg über Tilly bei Breitenfeld am 7. September
1631 dem Treiben und der Abtsherrlichkeit des Rihusius ein
Ende. Dieser mußte mit seinen Confraters das Kloster Ilfeld
flüchtig verlassen. Rihusius zog zuerst nach Hildesheim, wo
er Domherr wurde, sodann nach Holland, wo er 1657 zu
Amsterdam gestorben ist. Cajus übernahm nunmehr die Klosterschule Ilfeld, welche 1633 wiederhergestellt wurde, wieder; er
starb 1635 und fand in der St. Blasiikirche zu Nordhausen
seine letzte Ruhestätte. (Das Verzeichnis der Ilfelder Klosterschüler unter Neander und Cajus von 1550 bis 1629 hat
Prof. Dr. Kühlewein im Jahresberichte der Königlichen Klosterschule Ilfeld 1886 veröffentlicht.)

24. Kurze Geschichte der Klosterschule Ilfeld v. 1635 bis zur Jetztzeit.

Herzog August der Ältere v. Braunschweig gab 1635
dem Grafen Christoph v. Stolberg die Herrschaft Hohnstein
(die das Herzogshaus von 1603 besessen hatte) wieder zurück
(was 1635 Herzog Georg v. Braunschweig bestätigte), behielt
aber Flecken und Kloster Ilfeld zurück. Den bisherigen Verweser der Herrschaft Hohnstein, Ludwig Ziegenmeyer, setzte der
Herzog zum Administrator des Stifts Ilfeld ein. Der Klosterrektor Friedrich Wacker (aus Osterode am Harze), welcher dieses
für ein an den Grafen v. Stolberg begangenes Unrecht an-
sah, ließ Flecken und Kloster Ilfeld für die Grafen v. Stolberg in Besitz nehmen. Der darob erzürnte Herzog nahm
Wackern die Klosterschule 1636 ab und verwies diesen in das
Pfarrhaus, in dem er 1642 gestorben ist; seine Grabstätte
fand er in der Fleckenkirche. Die Klosterschule ging infolgedessen 1636 abermals ein, wurde aber bald wieder eröffnet.
1639 trat Herzog August v. Braunschweig seinem Bruder
Georg das Herzogtum Braunschweig-Calenberg mit der Herrschaft Hohnstein, die seiner Landeshoheit völlig unterworfen
wurde, ab. Herzog Georg schloß nun sofort einen Vertrag
mit den Grafen v. Stolberg ab; dieser Vertrag hat bezüglich
des Stifts und der Klosterschule Ilfeld bis auf die Neuzeit
Geltung gehabt. (1652 wurde die St. Johannishütte vor
Ilfeld unter der Regierung des Grafen Johann Martin, der

1645 die Herrschaft Hohnstein mit der südharzischen Grafschaft Stolberg als Erbteil erhalten hatte, von der Familie Balke angelegt, welche dieselbe als ein Lehen des Stifts Ilfeld besessen hat. Von den Balken erwarb sie der Herzog v. Braunschweig, damit sie seinen Eisenhütten zu Zorge und Wieda nicht schade. Mit der Johannishütte war das Recht der Gewinnung des Eisensteins in der ganzen Herrschaft Hohnstein verbunden. 1766 wurde der Hochofen ausgelöscht und der Betrieb eingestellt.) 1733 wurden die staatsrechtlichen Verhältnisse der Herrschaft Hohnstein zwischen Hannover und Stolberg durch Rezesse vollends geordnet und mit dem Stiftsamte Ilfeld wurde ein Hoheitskommissariat verbunden. 1747 wurde abermals ein Rezeß zwischen Hannover und Stolberg geschlossen. Der hannoversche Minister v. Münchhausen suchte die Einkünfte der Klosterschule Ilfeld für die 1737 gestiftete hannoversche Universität Göttingen zu benutzen; er gab das Patronatsrecht über die Pfarre und Fleckenschule zu Ilfeld den Grafen v. Stolberg-Stolberg zurück, zog 1748 dagegen 16 Freistellen der Ilfelder Klosterschule (8 schwarzburgsche und 8 stolbergsche) ein und verwendete sie zu Freitischen an der Universität Göttingen. Dagegen stiftete Hannover 8 halbe Freistellen an der Klosterschule; die Grafen v. Stolberg behielten 8 ganze Freistellen an derselben, von denen Stolberg-Wernigerode 4, Stolberg-Stolberg 2 und Stolberg-Roßla 2 zu vergeben hat. Die Ilfelder Klosterschule erhielt damals eine bessere Einrichtung nach dem Plane und Vorschlage des Matthias Geßner. Seit jener Zeit ist die Klosterschule als eine der besten Schulen anerkannt und stark besucht worden. Viele ausgezeichnete Männer und große Gelehrte haben in ihr ihre Vorbildung empfangen (von denen hier nur Köppen, Friedrich August Wolf und Mitscherlich genannt seien). Nach der Einverleibung Hannovers in den preußischen Staat 1866 wurde das Pädagogium Ilfeld 1867 neu organisiert und steht jetzt unter der treuen Leitung des ausgezeichneten Pädagogen Direktors Dr. Schimmelpfeng in hoher Blüte. — Die Gebäude des alten Klosters sind im Laufe dieses Jahrhunderts abgebrochen und durch neuere, bessere ersetzt worden. Selbst die altehrwürdige Klosterkirche ist verschwunden, wie auch die alte Fleckenkirche, an deren Stelle ein neues, stylvolles Gotteshaus getreten ist. Die noch guterhalten gewesenen Denk- und Grabsteine der alten Klosterkirche sind in der sog. Krypta der Klosterschule vereinigt worben, leider aber nicht die weniger gut erhaltenen, welche als Bausteine verwendet worden sind.

Wir schließen unsere Geschichte des Klosters und der Klosterschule Ilfeld mit dem Segenswunsche des Neander: „Der fromme, allmächtige Gott wolle sich das Kloster und die Schule Ilfeld zu allen Zeiten gnädiglich befohlen sein lassen sich selbst zum Lobe und der Jugend, Kirchen, Schulen und Regimenten zum Besten und zum guten Gewissen, löblichen, herrlichen Namen des Hauses Stolberg!" und mit dem Lobgedichte seines berühmten Schülers Laurentius Rhobomann (aus Niedersachswerfen, Professor in Wittenberg und Rostock):

„Beten wollen wir Alle, daß Ilfeld blühe und wachse
Bis zur spätesten Zeit, daß Gott, die Quelle des Wissens,
Dich, du reizender Ort, mit seinem Segen beglücke,
Daß noch Vielen du nützest so jetzt wie in kommenden Jahren.
Lebe wohl und blüh' und erzieh' eine treffliche Jugend,
Liebliches Ilfeld du, das immer die Musen gepflegt hat."